50부터 더 행복해지는 관계의 기술

사람 때문에
답답할 때 읽는
인간관계 조언

50부터 더 행복해지는
관계의 기술

미즈시마 히로코 지음 | 유미진 옮김

시그마북스
Sigma Books

50부터 더 행복해지는 관계의 기술

발행일 2022년 8월 25일 초판 1쇄 발행
지은이 미즈시마 히로코
옮긴이 유미진
발행인 강학경
발행처 시그마북스
마케팅 정제용
에디터 최연정, 최윤정
디자인 김문배, 강경희

등록번호 제10-965호
주소 서울특별시 영등포구 양평로 22길 21 선유도코오롱디지털타워 A402호
전자우편 sigmabooks@spress.co.kr
홈페이지 http://www.sigmabooks.co.kr
전화 (02) 2062-5288~9
팩시밀리 (02) 323-4197
ISBN 979-11-6862-058-2 (03190)

모든 어려움 뒤에는 인간관계에 따른 문제가 있다.

– 데일 카네기

들어가며

언제부터인가 남편 또는 아내와 관계가 삐걱댄다.

시부모 또는 처부모와 사이가 좋지 않다.

연로한 부모에게 무슨 말을 하면 감정적으로 받아들인다.

훌쩍 커버린 자식과 사이가 틀어져 대화가 끊긴 지 오래다.

이상은 이 책에서 다루고 있는 사례 중 일부입니다. 이렇듯 '50대부터의 인간관계'를 들여다보면 골치 아픈 문제가 넘쳐납니다.

이 책은 원래 잡지에 연재하던 내용을 바탕으로 출간하게 되었습니다. 처음 연재 요청이 왔을 때 나는 이미 50대에 접어든 터라 두말 않고 흔쾌히 수락했습니다.

그런데 왜 하필 50대일까요? 나는 정신과 의사로서 또 다양한 입장에서 수많은 사람과 만난 경험에 비춰볼 때 50대에 어떻게 살아갈 것인가가 정말 중요하다고 생각합니다.

50대라고 하면 결코 젊다고는 할 수 없는, 노화를 비롯해 여러 가지 한계를 느낄 나이입니다. 개인차는 있겠지만, 가족적인 면에서 보면 자녀가 독립하는 시기가 대체로 50대입니다. 노후에 대한 자각을 하는 것도 이 시기고, 양가 부모님의 고령화와 간병 문제 등이 현실로 다가오는 것도 이 시기입니다. 그런 와중에 그동안 애써 외면해온 일들을 다시 맞닥뜨리기도 합니다.

이 시기에는 자녀의 독립으로 부부 사이가 서먹해지기도 합니다. 또한 독립한 자녀는 자기 나름의 생각을 내세우는 과정에서 부모와 사이가 틀어져 서로 말도 안 하고 지내기도 합니다.

사회적인 면에서 보면 50대는 젊지는 않지만 그렇다고 은퇴하기에는 아직 이릅니다. 직장 등에서 위 세대와 아래 세대로부터 다양한 역할을 요구받습니다. 또 여성의 경우 자녀 양육에서 어느 정도 벗어나 다시 사회로 나가 젊은 상사와 일하기도 합니다.

그렇게 보면 50대를 건강한 마음으로 보낼 수 있는가 하는 문제는 의외로 중요한 주제입니다.

특히 50대부터의 '인간관계'를 어떻게 맺느냐에 따라 그 후의 인생의 행복도가 크게 달라집니다.

이 책은 '50대부터의 인간관계'에 대해 썼지만, 세대를 불문하고 좋은 인간관계는 생활의 질을 든든하게 받쳐줍니다. 힘들 때 의지할 수 있고, 푸념을 들어주고, 자신을 신뢰해주는 인간관계를 맺을 수 있다면 삶의 질은 한층 높아질 것입니다. 특히 50대가 안고 있는 복잡한 문제를 들여다보면 십중팔구는 인간관계에 대한 것이기 때문에, 50대부터 인간관계를 어떻게 유지하느냐에 따라 남은 인생의 행복도가 크게 달라진다고 단언해도 좋습니다.

또한 50대부터의 인간관계는 문제를 해결하고 복구하기가 쉽지 않습니다. '어른'이기 때문에 젊은 사람처럼 문제를 호소하지 못합니다. '어른이니까' 하며 스스로 흘려 넘깁니다. 경험이 많다는 자신감 때문에 더욱 완고해지기도 하고요. 그런 상황에서 가만히 팔짱을 끼고 있다가는 인생 후반에 극심한 고독감을 느끼거나 살아가는 기쁨을 놓칠지도 모릅니다.

이 책의 특징은 배우자, 노부모, 자식, 친구, 직장 사람들과 얽히고설킨 '인간관계'에 대한 다양한 고민을 하나하나 짚어주고 대처법을 모색해 준다는 것입니다. 잡지에 연재한 글을 바탕으로 쓴 책이므로 생생한 실제 사례를 소개하고 있습니다. 여러분이 읽다 보면 아마 자기도 모르게 '아하!' 하며 절로 고개가 끄덕여지는 내용이 있을 것입니다.

일반적으로 50대라고 하면 '젊지는 않지만 사물을 분별할 줄 아는 나이'라고 생각합니다. 어떤 면에서는 맞는 말이지만, 여기서 반드시 알아두어야 할 것이 있습니다. 50대 이후의 인생을 걷는 것은 누구에게나 처음이라는 것입니다. 개중에는 지금까지 살아온 대로 살아가면 되지 않느냐고 하는 사람도 있는데, 자신 또는 주변 사람의 상황이 시시각각 변화하는 만큼, 지금까지 문제없이 잘 살아왔다고 과신하는 것은 위험할지도 모릅니다. 갓난아이에게는 좋은 부모였을지도 모르지만 어느새 훌쩍 자라 어른의 문턱에 선 자녀에게도 과연 좋은 부모일까요?

그렇다고 너무 걱정할 필요는 없습니다. '50대부터의 인간관계'를 풍요롭게 하는 데 몇 가지 비결이 있습니다. 딱히 어렵지는 않지만, 알고 있는 것과 모르는 것에 따라 삶의 질이 크게 달라집니다.

'50대부터의 인간관계'에서 중요한 포인트를 배우면 단순히 이 시기의 고민을 해결하는 것은 물론이고, 한발 더 나아가 인생의 후반을 어떻게 살아갈지 생각해볼 수 있습니다.

이해하기 쉽도록 이 책에서 다루고 있는 몇 가지 사례를 간단히 소개하겠습니다.

이를테면 '적응'의 문제입니다. 인간관계에 문제가 생겼을 때 '적응'이라는 시점에서 보면 괜찮아지는 일이 의외로 많습니다.

본문에서 자세히 설명하겠지만 가령 아내 없이 혼자 집에 있기 싫어하는 남편이나, 사사건건 말참견하는 배우자의 부모도 '적응'이라는 시점에서 보면 문제를 이해하기 쉽고 또 대처하기 쉬운 사례가 많습니다(상대의 관점에서 '적응'을 의식해보세요).

또한 50대 이후에는 가정에서나 직장에서나 젊었을 때만큼 자신을 믿고 의존하는 일이 줄어들어 허무함과 외로움을 느끼는 사람이 많아집니다.

그럴 때 기운을 되찾는 비결은 '베푸는' 마음을 가지는 것입니다. 또 자신을 소중히 대하지 않는 것 같아 섭섭한 마음이 든다면 '어떻게 하면 나를 소중하게 대해줄까?'가 아닌 '어떻게 상대를 소중하게 대할까?'를 생각해야 합니다. 이른바 억지로 밀어붙이는 사고방식이 아닌 서서히 느껴지는 따스함이 서려 있어야 합니다.

본문의 내용을 잠깐 소개했지만, 이 밖에도 유용한 사례와 대처법이 많습니다. 원래 의뢰받은 고민에 대한 답변으로 쓴 원고였기 때문에 '50대 이후에는 어떻게 살아야 할까'를 생각하기에 앞서 '이런 식으로 50대 이후를 살면 마음이 편안해지고 풍요로운 삶이 되겠다'고 생각하는 관점에서 글을 써 내려갔습니다.

인생 후반으로 갈수록 화두는 아무래도 '돈이 얼마나 필요할까?'가 되기 쉽습니다(요즘에는 특히). 더러는 건강하게 오래 살고 싶어서 가혹하다 싶을 정도로 노력하는 사람도 있습니다. 하지만 아무리 돈이 많아도, 아무리 건강 마니아라도 인간관계가 원만하지 못하면 행복도가 내려갑니다. 나이가 들수록 친한 사람이 죽거나 자신이 불치병 진단을 받는 사례가 많아지는데, 그럴 때 자신의 마음을 든든하게 지켜주는 것도 인간관계입니다.

그 밖에도 '이렇게 생각하면 죽을 때까지 행복하게 살 수 있겠다'고 생각하는 관점으로 이 책을 썼습니다.

돈과 건강은 분명히 소중합니다. 하지만 '만약에 돈이 다 떨어지면?', '만약에 불치병이라도 걸리면?'과 같은 생각에 사로

잡히면 풍요로운 인생을 살 수 없습니다. 돈이나 질병 그 자체가 자신을 불행하게 하는 게 아니라, 돈이나 질병에 대한 두려움이 인생을 불행하게 하는 것입니다.

또한 아무리 어려운 상황일지라도 이겨내고 행복하게 살아가기 위한 힘이 되어주는 것이 인간관계입니다. 이것은 연구를 통해서도 명백하게 밝혀진 사실입니다.

이 책은 『50부터 더 행복해지는 관계의 기술』이라는 책명을 붙였지만, 50대만 특정해서 쓰지는 않았습니다. 다른 세대도 충분히 공감할 만한 내용이 많습니다. 나이가 적든 많든 누구나 건강이나 노화 문제에 직면하고 가족의 관계성도 달라집니다. 어딘가 짚이는 데가 있는 사람이라면 세대를 불문하고 도움이 될 것입니다.

이 책을 통해 50대부터의 인간관계가 여러분을 더욱더 행복하게 하는 힘이 되기를 진심으로 기원합니다.

미즈시마 히로코

차례

제 3 장

친구·직장 동료와의 관계를 위한 기술

제 4 장

불안과 고독을 위한 기술

제1장

부부 · 부모와의
관계를 위한
기술

부부 사이의 불만은
도와달라는 신호다

───── 배우자와 함께할 앞날이 걱정이에요 ─────

집안일이나 자녀 교육은 말할 것도 없고 여행 계획조차 죄다 아내에게 맡겨버리는 남편. 한편 사소한 일에도 툭하면 짜증 내고 남편을 닦달하는 아내. 50대가 되면 부모님 간병이나 주거 문제 등으로 부부가 함께 의논해서 결정해야 할 일이 많은데도 서로 강 건너 불구경하듯 나 몰라라 합니다. 대체 어떻게 하면 좋을까요?

오랜 세월 부부로서 함께 살아온 배우자와의 관계에는 여느 관계와는 다른 점이 많습니다.

먼저, 당연한 말이지만 사이가 너무 가까운 걸 들 수 있습니다. 그래서 지극히 개인적인 정보도 서로 속속들이 알고 있지요. 너무 가까운 사이지만, 그 관계성은 독특합니다. 사회생활을 하는 사람의 경우, 잠자는 시간을 빼고 계산해보면 배우자보다 회사 사람들과 훨씬 긴 시간을 보내게 됩니다. 그러니 부부가 느긋하게 대화를 나눌 시간은 없습니다.

하지만 부부니까 조금 무례하게 굴어도 괜찮다는 생각이 은연중에 있어 가장 소중한 상대임에도 실은 가장 소홀하게 대하기 십상입니다. 둘 중 한 사람은 어쩔 수 없이 참고 사는 경우가 비일비재합니다.

미국의 자료를 보면, 중년 기혼 여성에게 우울증을 유발하는 가장 큰 요인으로 배우자와의 불화를 꼽습니다. 누구에게나 사이가 좋지 않은 사람이 있을 수 있습니다. 다만 그런 상대가 자신의 삶의 중심에 있다면 극심한 스트레스를 받게 됩니다. 절망적인 부부생활은 인생을 송두리째 무력감과 절망의 나락으로 빠져들게 합니다.

부부는 '힘'이 되기도 하고 '스트레스'가 되기도 한다

서로 의지하고 신뢰하는 부부는 서로에게 더없이 큰 힘이 됩니다.

나는 정신과 의사로서 어긋난 부부 사이를 중재하는 일을 많이 합니다. 차근히 대화해 이견을 좁히고 서로에게 감사하는 마음이 싹튼 부부를 볼 때면 절로 흐뭇해지곤 하지요.

좋은 부부관계는 가정 밖에서 받은 충격을 완화해줍니다. "그딴 죽는소리를 해봐야 소용없어"처럼 매정한 말을 뱉는 관계라면 마음이 병들지도 모릅니다. "일보다 당신이 소중해. 그런 형편없는 직장에 계속 다닐 필요 없어. 우리 둘이 힘을 합치면 헤쳐나갈 수 있어"라고 다독여주는 배우자가 있다면 마음을 새로 다잡을 수 있고 우울증에 걸릴 일도 없겠지요.

자녀가 있는 부부라면 각자 부족한 부분을 서로 보완하면서 한 사람의 인격을 길러준다는 의식을 가지면 더욱 연대감이 끈끈해집니다.

만약 이혼을 하더라도 전 배우자에 대한 험담을 아이 앞에서 절대 하면 안 됩니다. 아이에게 부모는 이 세상에서 둘도 없는 소중한 존재이므로 함부로 험담하고 욕하면 아이는 마음에 깊은 상처를 입게 됩니다.

물론 가정폭력이 있는 경우에는 예외입니다. 가정폭력은 마음도 병들게 하기 때문에 전문가의 도움을 받아 자녀를 소중하게 지켜주어야 합니다.

이번 고민은?

남편이 아내의 외출을 싫어해요

오랜만에 친구가 여행을 가자고 했습니다. 남편에게 말했더니 언짢은 기색을 내비칠 뿐 별말이 없습니다. 그러더니 대뜸 한다는 말이 "밥은 어떡해?"였습니다. 자기 생각만 하는 거죠. 출발하기 전날, 밤을 꼬박 세워가며 식사 준비를 해놨지만 심기가 불편한 남편을 생각하니 여행 내내 마음이 편치 않았습니다.

오랜만에 가는 여행인 만큼 "친구랑 여행 가면 좋지. 즐겁게 놀다 와요" 같은 말을 듣고 싶지만, 남편의 불안에 주목하면 또 다른 풍경이 보입니다.

사람에게는 모든 '변화'가 스트레스가 됩니다. 언뜻 보기에 '좋은 변화'라 할지라도 적응하는 데는 시간이 걸리기 마련입니다.

"밥은 어떡해?"라고 말한 것을 보면 남편은 집안일이 서툰 것 같습니다. 남편 입장에서 보면 아내의 여행은 생활을 뿌리째 뒤흔드는 변화로 느껴졌을 것입니다. 좀 더 과장되게 말하면 '나는 살아남을 수 있을까?'라는 생각이 들 정도로 말입니다.

또한 취지가 어떻든 간에 **자신의 일상이 흐트러지는 것은 스트레스가 됩니다.**

아내를 배려하기에 앞서 "밥은 어떡해?"라는 볼멘소리가 터져 나온 것은 부부라는 허물없는 관계 탓에 본심이 고스란히 드러났기 때문입니다.

아내가 없는 환경에 적응할 시간을 준다

물론 이상적인 답변은 "친구랑 여행 가면 좋지. 즐겁게 놀다 와요"라는 말을 듣는 것입니다. 하지만 '오랜만에'라고 말한 것을 보면 남편은 아내가 항상 옆에서 하나부터 열까지 다 챙겨주는 일상에 길들여진 사람입니다.

"여행은 무슨, 안 돼!"라고 윽박지르는 남편이라면 이야기가 달라지겠지만, 여기서 남편은 남편 나름대로 '아내가 자리를 비운 생활'에 적응하려는 모습을 엿볼 수 있습니다.

그렇다면 적응하는 데 필요한 시간을 조금 주면 어떨까요?

짧은 여행이라면 남편은 외식이나 편의점 도시락으로 끼니를 때워도 괜찮습니다. 아니면 고민 사례의 아내처럼 미리 음식을 만들어두는 방법도 좋습니다.

여행에서 돌아온 뒤에는 신나게 이야기보따리를 풀기에 앞서 "당신이 이해심 많은 남편이라서 정말 좋아요. 많이 불편했죠?"라고 먼저 남편에게 감사와 위로의 말을 건네는 것이 중요합니다.

그렇게까지 저자세로 말할 필요가 있을까 싶겠지만 우선 익숙해지는 것에 초점을 맞춰 생각해보세요. 이를테면 수영장에서 다이빙할 때 처음에는 낮은 곳에서부터 뛰어들다가 공포심을 조금씩 극복하고 차츰차츰 높이를 높여가는 상황과 딱 들어맞을지 모릅니다.

갑자기 너무 높은 기대치를 요구하면 상대는 공포심을 느끼고 자신을 방어하는 데 급급해집니다. 우선은 '조금만 노력하면 할 수 있는 정도'부터 시작하는 것이 바람직합니다.

부탁은 조금씩, 천천히 한다

"밥은 어떡해?"라는 남편의 반응을 자기밖에 모른다고 생각하면 '배려심이 부족한 사람', '자기중심적인 사람'으로 느껴집니다. 하지만 미지의 환경에 적응하려는 남편의 'SOS'라고 생각해보면 어떨까요? "괜찮아요. 밥은 다 해놓고 외출할게요"라고 안심시켜주면 남편의 불안감은 점차 사그라질 것입니다. 또 언젠가는 요리도 익힐 테고, 그때가 되면 많이 칭찬해주면 됩니다.

앞으로 좀 더 자유로운 생활을 원한다면 먼저 남편이 적응해가는 과정을 돕는 일부터 시작해야 합니다. 아내가 자리를 비운 평소와 다른 일상에 심한 불안감을 느끼고 있을 남편에게 '괜찮아요. 천천히 하나씩 해나가요. 나도 당신의 변화 과정을 응원할 테니까요'라는 마음으로 대하면 남편이 단순히 자기중심적인 사람으로 느껴지기보다는 '하나로 똘똘 뭉쳐진 부부애'를 느낄 수 있을 것입니다. 아내는 자유를 손에 넣고, 남편은 아내 덕에 불안감을 덜 수 있습니다. 남자들은 대개 과제 달성형인 경우가 많습니다. 또 노력을 인정받는 것을 좋아하므로 "당신 덕분에 즐거웠어요. 고마워요"라고 칭찬해주면 의외로 쉽게 기분이 풀릴 테고 서서히 기대치를 높일 수 있습니다.

변화에 적응하기가 어렵다는 것은 누구나 알고 있는 사실입니다.

다음 여행까지 조금 시간을 두면 남편은 '어디까지 요구 사항이 늘어날까' 하는 공포심에서 벗어날 수 있습니다.

미덥지 못한 남편과 함께할 앞날이 걱정이에요

시부모의 간병 문제를 며느리가 직접 말을 꺼내면 감정이 상할까 싶어 남편에게 말해달라고 부탁했습니다. 하지만 남편은 부모님 앞에서는 사람 좋은 얼굴만 하고 있고 좀처럼 입을 열지 않습니다. 이런 미덥지 못한 남편을 보니이대로 함께 살아갈 자신이 없어졌습니다.

결혼생활의 가장 큰 어려움 중 하나가 '시부모'와의 관계입니다. 배우자는 스스로 택한 상대지만 '시부모'는 결코 스스로 택한 상대가 아니니까요. 따라서 시부모와 관련된 일은 남편이 말하는 것이 기본 원칙입니다.

사람에 따라 다르지만 아무래도 친자식이 말하는 것이 듣기편합니다. 특히 시어머니는 아들의 결혼에 대해 심경이 다소 복잡하기 마련입니다.

아들이 결혼하면 물론 저마다 입장 또는 세대 차이가 있겠지만, 아들을 뺏겼다고 생각하는 시어머니가 적지 않습니다. 그러면서도 아들이 행복하게 살기를 바라는 마음이 있어서 심경이 다소 복잡한 것이지요.

이것 또한 '적응', 다시 말해 익숙해지는 문제입니다. 점차 며느리가 자신들을 위협하는 존재가 아니라는 것을 납득하게 되면 사이좋게 지낼 수 있습니다.

다만 익숙해질 때까지는 시부모의 입장에서 며느리는 갑자기 하늘에서 뚝 떨어진 '가족'이나 다름없습니다. 적응하는 데 시간이 걸리는 것은 어쩔 도리가 없습니다. 적응할 때까지 아들인 남편이 노력하는 것이 지름길입니다.

미덥지 못한 것이 아니라 익숙하지 않은 것이다

이번에는 시부모와 아내 사이에서 줄다리기를 하는 남편의 문제에 대해 말하고자 합니다. 고부간에 무슨 문제라도 생기면 결혼생활이 복잡해집니다. 혈연관계와 달리 부부는 헤어지면 남이 되기 때문에 진지하게 생각해야 합니다. 특히 아이가 있다면 세심한 배려가 필요합니다.

물론 전체적으로 익숙하지 않은 상황인지라 남편과 차분히 의논하는 것이 중요합니다. 정말로 남편이 미덥지 못한 사람일까요? 어쩌면 아내와 자신의 부모가 사이좋게 지낼 수 있도록 애써 풍파를 일으키지 않으려는 방침일지도 모릅니다.

익숙해질 때까지는 도움이 필요하다고, 또 당신이 하는 말이라면 다소 반발심을 느끼더라도 아들이니까 너그럽게 받아들이지 않겠냐고, 찬찬히 설명해보세요.

고부간의 관계가 돈독해지려면 시간이 걸립니다. 이 시기에는 남편이 중간에서 교통정리를 해야 합니다.

그때 남편은 '아내가 힘들어한다'며 아내를 전면에 내세우지 말고 '한 가정의 가장으로서 균형을 잘 잡고 싶다'는 식으로 남편으로서의 책임감을 전면에 내세우는 것이 좋습니다.

그래도 말이 통하지 않는 부모라면 거리를 두는 것이 정답입니다. 또 그토록 꽉 막히고 고집불통인 부모라면 남편도 도저히 어찌해볼 재간이 없을 것입니다. 하물며 며느리가 어찌해볼 수 있을까요.

남자는 비난을 받으면 의욕을 잃는다

먼저 남편의 위치와 역할에 대해 남편과 함께 충분히 상의해야 합니다.

"당신이 정신 똑바로 차리고 말해야 한다"며 닦달하듯 몰아붙이면 남편은 의욕을 잃고 풀이 죽을 것입니다. 부부 사이 또한 위기에 처할지도 모릅니다. 남자는 비난받는 것에 한없이 약하기 때문입니다.

하지만 "이 일을 부탁할 수 있는 사람은 당신밖에 없어요. 어떻게든 아버님, 어머님과 잘 지내고 싶어요. 내가 직접 말해서 관계가 나빠지는 게 싫어요. 당신이라면 잘 해결해줄 거라 믿어요"라고 말하면 남편은 팔을 걷어붙이고 나설 것입니다.

또 어쩌면 남편은 남편대로 익숙해지는 시간이 필요할지도 모릅니다. 지금까지 부모에게 단 한 번도 말대답을 해본 적이 없는 사람이라면 더욱 그렇습니다. 따라서 남편이 쉽게 수긍할 수 있는 수준에서 말을 꺼내야 합니다. "부탁할 게 있어요"라며 편안한 분위기에서 시작하는 것이 좋습니다.

키워드는 '적응'입니다. 즉, 익숙해지는 것입니다. 어느 날 갑자기 가족이 된 당혹스러움을 생각하면 적응의 시간은 꼭 필요하니다. 그래도 말이 안 통한다면 부부 상담을 받아보는 것이 좋습니다. 이렇게 노력했는데도 이혼이라는 결과가 나온다면 '나는 할 만큼 했다'는 생각이 들 것입니다.

이번 고민은?

아내의 짜증에 지쳐요

아내는 "사용한 컵을 그냥 놔두면 어떡해", "또 취미용품을 사들였네"라고 쉽게 짜증을 내며 못마땅해합니다. 나는 불만에 가득 찬 아내에게 잔소리를 듣는 것이 싫어서 가급적이면 꾹 참으려고 합니다. 좋아하는 취미생활도 혼자 있을 때 몰래 하는데, 이런 생활에 지치고 짜증이 납니다.

남자는 대개 불만에 가득 찬 여자의 얼굴을 보는 것을 견디기 힘들어합니다. 그리고 다시 말하지만 비난받는 것을 못 견뎌 하지요.

왜 그토록 힘들어하는지 살펴보면 '자신이 잘하고 있지 못하다는 증거'로 받아들이기 때문입니다.

물론 개인차는 있지만 남자는 대체로 과제 달성형이고 '자신이 잘하고 있는지'를 신경 쓰는 경향이 강합니다. 그리고 이는 상대방의 기분을 통해 쉽게 알 수 있습니다.

남자가 비난에 약한 것도 '자신이 잘하고 있는지'를 신경 쓰기 때문입니다. 비난받는 것을 '잘하지 못하고 있다'는 강력한 증거라고 생각합니다.

한편 여자는 불만 가득한 기색을 드러냄으로써 이해를 구하려는 경우가 많습니다. 불만 가득한 얼굴로 '나한테 뭔가 소홀한 거 같아. 신경을 좀 써요' 하는 마음을 전하려고 합니다.

남자는 '자신이 잘하고 있나' 하는 '겉모습 같은 형식'을 중요시하지만, 여자는 '자신을 생각해주고 있나'에 주로 관심을 쏟습니다. 자신을 알아주고 생각해준다면 형식은 일정 부분 타협할 수 있습니다.

사용한 컵을 아무 데나 놔두거나 취미용품을 사들이는 것 또한 실은 그 자체가 문제가 아닌 경우가 많습니다. 결국 컵을 정리하는 자신이나, 방 정리 또는 집에서 경제적인 문제를 담당하는 자신을 알아주지 않아서 불만이 쌓인 경우가 대부분입니다. '배려하는 마음이 있다면 아무 생각 없이 행동하지는 않왔을 텐데'라는 기대심리가 있기 때문이지요. 상대가 배려하는 모습을 보인다면 컵이든 취미용품이든 못 본체 눈감아주지 않을까요?

불만 가득한 아내의 모습을 보고 '나는 잘하지 못하고 있다'고 느끼는 남편은 더 이상 아내와 골치 아픈 대화를 하고 싶지 않아 입을 꾹 닫아버리기도 합니다.

아내가 보기에는 서로 대화를 나누는 것이 가장 소중한 '배려'이지만, 남편은 단지 '비난을 받았다'고 받아들이는 경우가 많습니다. 불평불만 하는 아내가 싫어서 마냥 참기만 하고 사는 남편은 실은 아내의 요구를 충족시키지 못하고 있는 셈이지요.

아내가 원하는 것이 '배려'라는 것을 깨닫지 못하고 '형식'을 갖춰서 어떻게든 하려고 애쓰다 보면 이번 사례처럼 스트레스가 쌓일 것입니다. 아울러 아내는 사실 형식적인 것을 원하는 것이 아니기 때문에 참으로 안타까운 이야기입니다. 충분히 이해하고 나서 대처하는 것이 좋습니다.

남자는 '형식이나 겉모습'으로 '자신이 잘하고 있다'는 것을 확인하면 안심하므로, 아내는 수시로 웃는 얼굴과 고맙다는 말을 통해 알기 쉽도록 마음을 전하는 것이 좋습니다.

한편 여자는 '배려'를 원하기 때문에 남편은 최대한 아내를 배려하고, 특히 아내가 기분이 언짢을 때는 오로지 '배려'하는 마음으로만 상황을 돌파할 수 있다는 사실을 명심하기 바랍니다.

이러한 특징을 알면 반대로도 즉, 남편은 자신이 비난받았다는 생각이 들 때 조금 더 끈기 있게 버텨보고, 아내는 불평불만하기보다는 대화를 제안하는 등 여러 방법을 강구해볼 수 있습니다.

시부모에게 거북한 말을
전달하는 방법

나이를 먹어도 시부모와의 관계는 신경이 쓰입니다. 자란 환경과 세대가 달라서 가슴에 돌덩이가 얹힌 듯 답답할 때가 많고 고민이 끊이지 않습니다. 그렇다고 곧이곧대로 말하면 감정이 상합니다. 서로 기분 좋게 지내려면 어떻게 해야 할까요?

시가와의 관계(또는 처가와의 관계)는 결혼에 의해 갑자기 형성된 '가족'이라는 의미에서 매우 특수합니다.

'친가족'은 기본적으로 오랜 기간 함께 생활한 혈연관계를 전제로 합니다. '혈연'은 논리로 설명할 수 없는 친근감이 있고 무엇이든 허물없이 받아들일 수 있는 관계입니다. 이에 비해 '시부모(가족)'와의 관계는 그 성질이 완전히 다릅니다.

'친가족'이 당사자에게는 인생의 대부분을 함께 보냈고 인격 형성에도 큰 영향을 준 토대가 되지만, 이와 달리 '배우자의 가족'과의 관계는 결혼이라는 새로운 파트너십을 만듦으로써 갑작스럽게 생겨난 것입니다.

시부모를 '배우자의 가족'으로 단순하게 생각한다

모든 관계는 앞으로 만들어갈 수 있습니다. 특히 배우자의 가족과 동거하는 경우라면 '생활을 함께한다'는 의미에서 '친가족'과 똑같은 관계가 되므로, 서로 좌충우돌하면서 동거를 전제로 한 관계성을 키워나가게 됩니다. 동거의 경우 이 과정이 필요합니다.

다만 동거라는 전제가 없다면 시부모는 '배우자의 가족'이라고 단순하게 생각해야 갈등 없이 잘 지낼 수 있습니다. 구체적으로 설명하자면 앞서 말한 대로 거북한 말이나 감정이 상할 만한 말을 해야 할 때는 친자식이 말하는 원칙을 세우고 지키는 것입니다.

살림하는 법이나 자녀 양육 방침 등은 가정마다 다릅니다. 한 집에서 같이 사는 가족이 아니라면 제각기 다른 가정이므로 서로를 바꾸려고 하지 말고 존중하는 것이 가장 원만하게 지낼 수 있는 기본 자세입니다.

실제로 배우자의 가족과 사이가 좋지 않아 괴로워하는 사람이 많습니다. 특히 억지로 강요당하거나 비판을 받을 때 그렇습니다.

갈등을 해결하려면 뭔가를 말해야 합니다. 하지만 말을 하면 자칫 감정이 상할지도 모릅니다. 살다 보면 이런 상황을 숱하게 마주할 텐데, 배우자의 가족에게 나쁜 인상을 심어주고 싶지 않은 마음은 누구나 마찬가지일 것입니다.

'억지로 강요당했다', '비판받았다'는 생각이 들 때는 시간을 갖고 서로 차근차근 알아가면 상대방의 의도를 이해할 수 있게 됩니다. 하지만 함께 살지 않는 가족이라면 속속들이 서로를 알 만한 기회도 없거니와 그렇게까지 알 필요도 없겠지요.

실제 생활에서 거부 의사를 표현할 때는 친자식인 배우자가 중간에서 말하는 것이 원칙입니다.

부모는 자신의 의견이 묵살당하면 십중팔구는 불쾌해합니다. 하지만 친자식이 하는 말은 결국 대부분 순순히 받아들입니다. 모른 체할 수 없으니 그냥 받아들이는 수밖에요.

또한 친자식은 어릴 때부터 봐왔기에 '원래 그런 성격이니까' 하고 이해하려고 할 것입니다. 그리고 '가정을 꾸리니 책임감이 생겨서 의젓하게 행동하려고 한다'고 따뜻한 시선으로 생각해 볼 수 있습니다.

서로 알고 지낸 시간이 짧은 '배우자의 가족'에게는 아무래도 그런 시선을 갖기도 힘들고 이해하기도 어렵습니다. 또한 '원래 그런 성격이니까'라는 생각보다는 '어째서 내가 하는 말마다 딴죽을 걸지?'라고 생각하게 됩니다.

말하기 거북한 말은 친자식이 한다는 원칙을 지키면 서로 쓸데없이 관계를 해치는 일도 없고, 잘 지낼 수 있습니다.

일반적으로 배우자의 가족과의 관계에서 스트레스가 많이 생기는 것은 배우자가 "가족이니까 사이좋게 잘 지내"라며 다 맡겨버리는 식으로 말하거나 행동할 때입니다.

그렇게 부탁하는 마음은 알겠지만 지금까지 말한 것처럼 배우자의 가족이라는 특수성을 생각하면 '가족이니까', 이 한 마디로는 설명이 안 되는 어려움이 있다는 점을 이해해주기 바랍니다.

배우자가 "가족이니까 하고 싶은 말을 해"라고 해도 쉽게 말을 꺼내지 못하는 사람이 많습니다. 그것은 당연한 일입니다. '가족'이란 개념이 아니라, 오랜 경험에 기인한 관계성이기 때문입니다.

배우자가 가족이니까 무슨 말이든 할 수 있다고 생각하는 것은 서로 오래 알고 지냈고 무엇이든 다 받아들일 수 있는 각오가 돼 있다는 관계성을 기반으로 한 경우가 많습니다.

익숙함이 위화감을 줄여준다

원래 복잡한 문제를 '익숙함'이 해결하는 일이 많습니다.

인간은 생명체이기 때문에 온갖 변화를 스트레스로 받아들입니다. 아무리 사회적으로 축하할 일이라도 변화는 변화입니다. 또 새로운 것에 익숙해지려면 시간이 걸립니다.

변화를 극복하는 데 큰 역할을 하는 것이 '익숙함'입니다.

처음에는 위화감을 느낄지라도 익숙해지면 한결 받아들이기 쉬워집니다. '친가족'이란 '익숙함'의 궁극적인 형태라고 말할 수 있습니다.

배우자의 가족은 결혼한 뒤 익숙해지기까지 시간이 걸리기 때문에 처음부터 모든 것을 받아들일 수는 없습니다. 이는 어쩔 수 없는 일입니다.

지금까지 동거 여부를 중심으로 이야기했지만, 두 세대 주택(한 집에 부모 부부와 자식 부부가 각기 독립된 생활을 할 수 있도록 만든 주택-옮긴이)에서 사는 가족도 많습니다. '두 세대'를 정확히 지키고 사는 가족이라면 그것이 동거라고 생각하지 않을 수도 있습니다. 어느 부분을 함께 공유한다면 그만큼을 '동거'라고 생각하면 이해하기 쉬울 것입니다.

즉, '동거'의 범위에서 직접 관계성을 만들어가는 것입니다. 직접 관계성을 만들 때는 '익숙함'의 힘을 빌리면 됩니다.

그 외의 부분은, 특히 거북한 말을 해야 할 때는 친가족을 통해 전하고, 위화감이 있더라도 '배우자의 가족'으로 받아들이면 됩니다. 그런 자세라면 편하게 관계를 맺을 수 있습니다.

여러분 중에는 '이미 시간이 많이 흘렀으니까 관계를 바꿀 수 없다'고 생각하는 사람도 있겠지만 **어떤 인간관계도 키워나갈 수**

있습니다. 뭔가 고개가 갸웃거려질 때는 서로 대화를 통해 고쳐 나가세요. 그 노력은 결코 헛되지 않을 것입니다.

지금부터라도 배우자와 차분하게 대화를 나누고 행복한 관계성을 키워나가기 바랍니다.

이번 고민은?

사사건건 말참견하는 시어머니 때문에 힘들어요

시어머니는 맞벌이를 하는 문제나 명절 선물, 제사, 육아 등에 대해 걸핏하면 "이렇게 하는 게 좋잖아", "예전에는 이랬는데 변했네"라며 사사건건 말참견을 합니다. 내가 넌지시 거절하거나 내 생각을 전하면 언짢아하며 남편에게 일러 바치곤 합니다. 남편은 아무 말도 하지 않고 꿔다 놓은 보릿자루처럼 가만히 있어서 더욱 화가 끓어오릅니다. 시어머니와의 관계가 힘들고 피곤합니다.

새로운 인간관계와 가치관에 익숙해지는 일은 나름의 시간과 에너지가 필요합니다. 젊을 때는 새로운 것에 비교적 빨리 익숙해질지도 모르지만 나이를 먹으면 점점 더 힘들어집니다.

이와 같은 상담 사례를 자주 접하는데, 자신이 부정당하고 있다는 생각이 들면 불쾌하고 시어머니가 싫어집니다.

그런 마음은 아이를 키우는 데도 고스란히 전해지고 바람직하지 못한 영향을 끼치기도 합니다.

할머니(시어머니)와의 관계로 상처를 입은 엄마, 할머니(시어머니)를 싫어하는 엄마. 둘 다 아이에게는 슬픈 일이고 여러모로 성장 과정에서 신경을 써야 할 일이 늘어납니다.

기본적으로 시어머니와의 관계는 아이가 안심할 수 있도록 해두는 것이 좋습니다.

시어머니가 하는 말과 행동을 보면 '내가 마음에 들지 않나?', '뭐든지 본인이 하고 싶은 대로만 하려고 하잖아' 등의 기분이 드는 것은 당연합니다.

하지만 시어머니가 그저 새로운 것(며느리와의 관계)에 적응하는 과정 중이고 나이를 먹을수록 적응하기 어려울 뿐이라고 생각하면 한결 마음이 가벼워집니다.

사사건건 말참견하는 것은 실상 아는 것이 별로 많지 않아서입니다. 연장자니까 세상 돌아가는 사정을 훤히 알고 있지 않을까, 기대하기 쉽지만 꼭 그렇지만도 않습니다. 어쩌면 시어머니는 주어진 인생을 한정된 범위에서 살아온 사람일 수 있습니다.

사회생활 경험이 없을 수도 있고, 요즘처럼 자녀 양육 정보가 넘쳐나는 환경에서 양육을 경험한 것도 아닙니다.

또한 '시어머니' 역할도 남의 옷을 입은 듯 아직 어색하게 느껴질 것입니다.

물론 마음으로는 '아들의 배우자를 응원하고 싶다'고 생각하는 사람도 많지만, 그 생각을 어떻게 실천해갈지는 아직 시어머니로서 경험이 부족합니다. 앞으로 시행착오가 필요한 영역입니다.

시어머니로서 경험이 부족해서 며느리한테 무슨 말을 들었을 때 어떻게 대처할지 몰라 우왕좌왕하고 판단하는 데 기반이 될 만한 경험이 없습니다.

따라서 시어머니가 항상 올바르게 행동하기를 기대하겠지만, 그 기대에 한참 못 미칠 것입니다.

곤란한 상황에서는 친가족이 나선다

앞서 이야기한 사례에서도 정답은 **거북한 말은 친자식**(이 경우는 남편)이 하는 것입니다. 가령 시어머니가 잔소리를 하면, 남편이 시어머니에게 "우리 생각은 이러니 잔소리 그만하시고 우리 생각을 존중해주세요"라고 분명히 말합니다. 그러면 시어머니는 당연히 기분이 상할 테고 여러모로 반발심을 느낄 것입니다.

그러나 이는 '친자식'의 힘을 빌리는 것입니다. 시간이 지나면 '내 아들이 나름대로 자기 가정을 지키려고 애쓰는구나'라고 받아들이지 않을까요? 며느리도 아들에게 위협을 초래하는 존재가 아니라 오히려 행복을 가져다주는 존재라는 사실을 깨달을 테고요.

남편이 '고부간의 문제는 반드시 내가 개입한다', '본가의 가치관이 아닌 내 가정의 가치관을 우선한다'는 자세를 확고히 하면 나머지는 시간이 해결해줄 것입니다.

아내는 남편이 중간에서 중재할 때 "당신이 말하는 게 당연해"라고 반응하기보다는 "당신이 중간에서 이야기해줘서 안심이에요. 고마워요", "나도 시어머니도 당신을 의지하고 있어요"라고 치켜세우면 남편은 흔쾌히 자기 역할을 다할 것입니다.

간병의 어려움을 분담한다

—— 연로한 부모님을 대하는 법을 알고 싶어요 ——

부모님의 간병 문제가 눈앞에 다가왔습니다. 지금도 부모님은 뭔가 마음에 들지 않으면 거친 말을 쏟아내는데, 이런 상태로 간병할 생각을 하니 눈앞이 캄캄합니다. 부모님의 이런 태도는 성격 탓일까요, 나이 탓일까요? 이대로는 부모님을 간병할 자신이 없습니다. 그렇다고 시설에 맡기는 것은 마음이 편치 않고 왠지 미안합니다. 대체 어떻게 하는 것이 최선일까요?

아이에게 부모는 세상의 전부라고 할 수 있습니다.

아무리 버릇없어 보이는 아이라도 항상 부모를 마음에 두고 있습니다. 부모가 "안 돼"라고 하면 그 말에 따르며 부모의 가치관이나 인간관계의 테두리 안에서 살아가지요.

학대처럼 제3자가 보기에 '부모가 나쁘고, 아이는 완전한 피해자'라고 생각하는 경우에도 아이는 '내가 착하게 말을 잘 들었으면 엄마, 아빠가 화를 내지 않았을 텐데'라고 생각합니다.

이 정도로 아이의 세계는 완전히 부모의 세계에 들어가 있습니다. 부모가 기분이 언짢으면 아이는 '내가 뭘 잘못해서 그런가' 하고 눈치를 살핍니다.

제3자의 시각을 갖게 되는 것은 사춘기(반항기)가 되고 나서입니다. 친구나 선배에게 친밀감을 느끼면서 부모를 객관적으로(오히려 반항적으로) 보게 되지요. 부모의 가치관이 이상하다는 생각은 이 시기부터 현저하게 나타납니다.

부모의 가치관을 벗어나 자기 나름의 가치관을 만들며, 부모의 인간관계의 일부가 아닌 자신의 인간관계를 만들고, 그 안에서 나이가 들어가는 부모를 자리매김할 수 있다면 그 아이는 '어른이 되었다'고 말할 수 있습니다.

부모는 언제까지나 부모로 있고 싶어 한다

무릇 부모란 무엇일까요? 이상론으로 말하면, 자녀가 어른이 될 때까지 안전한 환경을 제공해주고 자녀에게 다양한 시행착오를 경험하게 해주는 존재입니다.

그리고 언제나 자녀의 편을 들어주는 존재입니다. 자녀는 나이를 먹어 어른이 되더라도 **부모 눈에는 언제나 아이일 뿐이지요.**

그 속에는 '**자녀를 힘들게 하고 싶지 않다**'는 마음이 담겨있습니다. 늙어서 할 수 없는 일들이 늘어남에 따라 초조함이나 불안함, 절망 등이 느껴지더라도, 이를 해결하기 위해 이미 자신의 가정을 꾸린 자녀에게 당연하듯 의존하는 것은 대개의 경우 부모의 자존심이 허락하지 않습니다.

치매 때문에 천진난만한 어린아이가 된 경우를 제외하면 **부모는 가능한 한 '부모'로 있고 싶은 법입니다.** 자녀를 힘들게 하고 싶지 않은 마음은 체면이나 배려이기도 하지만, 본심이기도 합니다.

따라서 부모를 대할 때는 나이가 들어 하지 못하게 된 것은 되도록 아무렇지도 않은 듯 지원해주고, 언제나 **부모를 부모로서 존중하며,** 부모가 답변할 수 없더라도 이것저것 상의하는, 이러한 관계성이 바람직합니다.

간병에 관해서는 복잡한 요소가 있기 때문에 다음 고민 상담의 대처법을 참고하기 바랍니다.

이번 고민은?

간병에 지쳐 부부 사이에 균열이 생겼어요

친정아버지를 간병하고 있는데, 마음에 조금이라도 안 드는 것이 있으면 심한 욕설을 퍼부어댑니다. 그럴 때면 허무한 마음이 들어 "나도 하고 싶어서 하는 게 아니라고요!"라고 말대꾸를 하기도 합니다. 그러고 나면 언제나 자기혐오에 빠지곤 합니다. 게다가 마음속에 켜켜이 쌓인 짜증을 남편에게 터뜨려서 부부관계도 파탄 지경에 이르렀습니다.

본래 간병은 가정이 아닌 사회적으로 이루어지는 것이 좋습니다. 간병은 결코 간단한 일이 아니기 때문입니다. 그 '간단하지 않은 일' 때문에 생기는 고충과 부모에 대한 감정을 혼동하기 십상입니다.

1. 부모가 나이가 들어 간병이 필요하게 되었다. 앞으로 갈수록 간병 부담이 늘어날 일만 남았다(자녀 양육과 마찬가지로 끝이 보이지 않는다).

2. 고령자는 무력한 자신을 비참하게 생각하고 그 마음이 때때로 폭언 같은 형태로 표출된다.

3. 나이를 먹어도 부모는 부모이기 때문에 해줄 수 있는 것은 다 해주고 싶다.

개별적으로 살펴보면, 상담에는 이러한 내용이 혼재되어 있습니다.

간병은 가능한 한 사회적으로 타인의 힘을 빌려야 한다고 생각합니다. 그 이유는 2와 3이 혼란스러워지기 때문입니다. 되도록이면 부모에게는 3에 전념했으면 좋겠습니다. 다시 말해 **정신적으로 부모를 돌보는 것입니다.**

1과 2가 섞이면 3마저 보이지 않게 되는 것이 상담의 내용입니다.

진지하게 부부끼리 상의해서 최대한 3에 전념할 수 있는 환경을 만들기 바랍니다.

자신만 할 수 있는 일에 전념한다

간병 우울증에 걸리는 사람의 대다수가 '시설에 맡기는 건 불쌍하다', '내가 부모님을 가장 잘 아니까 간병도 가장 잘할 수 있다', '남의 손에 맡길 수 없다'와 같은 생각을 하고 있습니다.

그렇다고 하더라도 1과 2는 질 차이가 크게 나지 않는다면 타인이 해도 됩니다. 또한 질이 떨어진다는 생각이 들면 언제든 바꾸면 됩니다.

그리고 자신만 할 수 있는 3에 전념할 수 있도록 사고방식을 바꿔보세요.

자식으로서 괴로운 것은 예전에 자신의 든든한 보호자였던 부모가 나날이 어린아이처럼 변해가기 때문입니다. 정신적으로 이루 말할 수 없는 상실감을 느끼게 됩니다.

남편에게 터뜨리는 '불만과 짜증'에는 이러한 요소들이 전부 포함되어 있습니다. 우선 부부가 함께 지금의 심정을 속 시원히 터놓고 대화해보는 것이 좋습니다.

너무 힘든 상황인 만큼 부부가 서로 힘을 합치는 것이 당연합니다. 남편이 "나한테 짜증을 부려서 조금이라도 마음이 편해진다면 그렇게 해. 충분히 노력하고 있다는 걸 알아"라고 말해

준다면 아마 짜증을 내는 강도와 빈도가 줄어들 것입니다. 왜
냐하면 남편에게 온갖 짜증을 부리는 자신에게도 짜증이 나기
때문입니다.

자신만의 시간을 갖는다

앞서 이야기한 사례에서 필요한 것은 그런 자신을 너그럽게 용서
해주는 마음입니다.

부모의 간병에는 복잡하고 어려운 요소가 얽히고설켜 있습니
다. 그 속에서 항상 생글생글 웃는 얼굴로 무슨 일이든 척척 해
내는 것은 그야말로 '이상'일 뿐이지요.

그런 불완전한 자신을 있는 그대로 받아들이세요. 이 세상에 완벽
한 사람은 없으니까 짜증이 나는 것은 당연합니다.

자신을 위한 시간을 만들고 그 시간만큼은 간병을 싹 잊도록 하세요.
노인복지센터나 단기로 머물 수 있는 시설을 최대한 이용해 빈
시간을 볼일을 보는 데 사용해도 좋지만, 잠시만이라도 시간을
내어 자신을 토닥여주세요. 예를 들면, 맛있는 차를 마시거나
좋아하는 TV 프로그램을 보며 아무 생각 없이 느긋하게 시간
을 보내는 것입니다.

노인 요양 시설에 부모를 맡기면서 그렇게 게으름을 피울 수 없다고 생각하는 사람은 특히 요주의 인물입니다. 잠재적인 간병 우울증 환자라고 할 수 있습니다.

자신도 한 사람의 인간이라는 것을 잊지 마십시오. 느긋하게 즐기고 마음이 편안해지는 시간이 있어야 끝까지 버틸 수 있습니다. 아무쪼록 '지속 가능한' 간병을 하기 바랍니다.

이번 고민은?

시부모와 함께 살고 싶지 않아요

시부모님이 연로하여 모시고 살아야 하는 상황이 되었습니다. 지금까지 많은 신세를 졌기 때문에 뭔가 해드려야겠다는 마음은 있지만, 함께 사는 것만은 피하고 싶습니다. 그런데 남편은 부모님을 모시고 살아야 한다는 생각을 굳히고 있어 가슴이 답답합니다.

'시부모와 좋은 관계를 유지하는 것'과 모시고 함께 사는 '동거'는 완전히 다른 차원의 이야기입니다.

친절하게 남을 돌보는 일은 먼저 자신의 생활이 안정되고 여유가 있어야 비로소 가능합니다. 그러기 위해서는 생활 기반이 중요합니다.

젊은 시절부터 쭉 함께 살아온 경우라면 남편을 통하지 않아도 그런대로 관계가 형성되었을 것입니다. 때로는 싫어하는 기색을 드러내도 '악의는 없는 사람이니까'라고 이해하고 넘어갈 수 있겠지요.

하지만 부모가 나이가 들면서 자신의 바람과는 달리 동거가 결정되면 시부모의 상태에 휘둘리게 되고 자신이 '도와주는' 친절한 존재가 아니라 '어째서 이 지경이 돼버렸을까' 하는 피해자 의식이 심해집니다.

책임감이 강한 사람은 적당히 대충대충 하지 못하기 때문에 간병 우울증에 걸릴지도 모릅니다.

어떤 변화도 스트레스가 된다

그렇지 않아도 '변화'는 스트레스의 원인이 됩니다. 좋은 변화라도 마찬가지입니다. 하물며 나쁜 변화라면 얼마나 스트레스가 쌓일지 쉽게 상상할 수 있을 것입니다.

앞의 상담에서도 기술했지만 여기서도 다음과 같은 내용이 혼재되어 있습니다.

1. 부모가 나이가 들어 간병이 필요하게 되었다. 앞으로 갈수록 간병 부담이 늘어날 일만 남았다(자녀 양육과 마찬가지로 끝이 보이지 않는다).
2. 고령자는 무력한 자신을 비참하게 생각하고 그 마음이 때때로 폭언 같은 형태로 표출된다.
3. 나이를 먹어도 부모는 부모이기 때문에 해줄 수 있는 것은 다 해주고 싶다.

게다가 시부모이기 때문에 할 수 있는 말과 할 수 없는 말이 있을 테고, 또 시부모의 생활습관에 강한 위화감을 느낄지도 모릅니다.

나이를 먹을수록 변화에 대한 불안감이 커진다

왜 남편은 부모를 모시고 함께 사는 '동거'밖에 답이 없다고 생각을 굳혔을까요? 그 점에 대해 서로 충분히 이야기를 나눌 필요가 있습니다.

책임감이 강한 자식은 '부모는 내가 돌봐야 한다'고 생각하기 쉬우며 그것을 배우자에게도 바라지만, 아내의 입장에서 친부모와 시부모는 엄연히 다릅니다.

또한 시부모가 멀리 떨어져 사는 경우라면 시부모의 입장에서도 자식과 함께 살기 위해 거처를 옮기는 일은 큰 변화가 됩니다.

오래 살아 정든 곳, 가족처럼 사이좋게 지내던 이웃들과의 이별은 상당한 스트레스와 불안을 낳습니다. 사람에게는 모든 변화가 스트레스지만, 특히 나이를 먹을수록 '변화'에 대한 불안감은 눈덩이처럼 커집니다.

갑자기 부모와 함께 살게 된 자식의 스트레스와 정든 곳을 떠나야만 하는 시부모의 스트레스가 겹치면 좋은 일이 생기려야 생길 수가 없습니다.

변화의 가짓수를 줄여야 원만하게 대처할 수 있습니다. 시부모가 최대한 양질의 돌봄 서비스를 받을 수 있도록 정보를 수집하고 새로운 환경에 적응하도록 돕는 것이 훨씬 나을 것입니다.

만약 시설에 입소한다면 되도록 자주 찾아뵙고 가족의 온기를 느끼게 해주는 것이 좋습니다.

서로 불안감과 불만을 안은 채 동거를 하기에는 이미 서로 너무 나이를 먹었습니다. 남편 입장에서는 '그래도 부모니까'라는 생각이 들겠지만, 자신들의 생활 근간이 흔들린다는 점, 친부모와 시부모라는 입장 차이 때문에 부부의 관계성에도 나쁜 영향을 미칠 수 있다는 점, 간병은 아무래도 아내의 몫이 많다는 점 등을 서로 의논해서 좋은 해결책을 찾기 바랍니다.

부모는 설득할수록
더욱 완고해진다

부모님은 나이가 들수록 더욱 완고해지는 경향이 있습니다. 가끔 누가 봐도 이상하고 위험하다 싶은 일을 할 때 한마디 하면 귀를 닫아버립니다. 결국 "다 부모님을 생각해서 하는 말인데!"라고 목소리를 높이고 충돌하고 맙니다. 고집불통인 부모님과 어떻게 소통해야 할까요? 또 어떻게 설득해야 할까요?

사람이 나이가 들수록 완고해지는 것은 **상실감을 부인하거나 경험을 과신해서** 그런 경우가 대부분입니다.

'상실감을 부인하는 것'은 나이가 들수록 다양한 기능을 잃어가는 것을 인정하는 것이 너무나 괴롭기 때문입니다.

소중한 사람이나 물건을 잃었을 때 사람은 일련의 마음의 과정을 거칠 필요가 있습니다. 충격을 받고, 부정하고, 우울을 포함한 여러 복잡한 감정을 체험하고, 최종적으로 받아들이는 과정입니다.

소중한 사람이 죽었다, 불치병 진단을 받았다(건강을 잃었다)와 같은 경우에는 그것을 '사건'으로 받아들이기 때문에 완전히 부인하기가 사실상 어렵습니다.

하지만 고령화는 나날이 진행되는 과정이라 어느 정도는 부인할 수 있기도 합니다.

자녀 입장에서는 '이제 체력이 없으니까 위험하다'고 생각하지만 '전혀 문제없다'고 우겨대는 것은 점점 쇠약해져가는 체력을 자각하고는 있지만 인정하고 싶지 않아서입니다.

혹시라도 인정해버리면 폭삭 늙어버리는 것은 아닐까, 하는 두려움이 있을지도 모릅니다. 실제로 젊게 살면 젊어진다는 것이 여러 연구 결과 사실로 확인되기도 했습니다. 나이가 많으니까 무리라고 포기하면 활동성이 저하되고 결과적으로 사회가 은둔을 부추기는 측면이 확실히 있습니다.

'고령화'라는 현실과 맞닥뜨리게 하는 것이 꼭 좋지만은 않습니다. 건강하게 나이 들기 위한 배려가 필요한 때입니다. 이에 관해서는 나중에 이야기하겠습니다.

시대가 바뀌면 경험의 결과도 바뀐다

나이가 들수록 완고해지는 또 다른 이유는 경험을 과신하기 때문입니다. 나이가 많다는 것은 그만큼 폭넓게 경험을 많이 했다는 것을 의미합니다. 이는 물론 나쁜 것이 아니며, 고령자의 지혜를 긍정적으로 활용할 수도 있습니다.

하지만 시대가 바뀌면 경험의 결과도 바뀌는 법입니다. 또한 '경험을 과신하는 것'이 지금껏 괜찮았으니까 앞으로도 괜찮을 거라는 방향으로 작용하면 합리적으로 생각하지 못하게 됩니다.

'상실감을 부인하는 것'과 '경험을 과신하는 것'이 어우러지면 매우 성가신 사태가 일어나기도 하지요.

"(예전에는 신체 기능이 좋았다) 지금껏 괜찮았으니까 앞으로도 괜찮을 거야", "(예전에는 사회가 복잡하지 않았다) 지금껏 괜찮았으니까 앞으로도 괜찮을 거야"라고 우겨대거나 걱정하는 자식에게 "너는 아직 젊어서 몰라"라며, '상실감을 부인하는 것(판단력과 최신의 지식을 놓치고 있다는 사실을 부인)'과 '경험을 과신하는 것(자식보다 나은 판단력과 지식이 있다는 자신감)'이 결합해서 완고해지기도 합니다.

고령을 부각시키는 말을 삼간다

이러한 배경 때문에 '부모님을 생각해서 말한 것인데…'라는 마음이 그대로 전해지기가 참 어렵습니다.

부모님을 생각해서 한 말이 상실감을 부인하는 부모를 노골적으로 자극하기 때문입니다. 즉, '고령인 아버지가 여러 가지 기능을 잃어가고 있어 걱정돼서 말하는 거예요'라는 의미가 돼버리고 그럴수록 부모는 더욱 완고하게 저항할 것입니다.

그렇다면 어떻게 개입하면 좋을까요? 우선은 **고령을 부각시키는 말을 삼가는 것**입니다. "이제 나이가 많으니까"라든가 행여 농담이라도 "치매 걸린 거 아니야?" 같은 말은 절대 입 밖으로 내서는 안 됩니다. 고령을 부각시키는 말을 삼가고 그저 대등한 인간으로서 의견을 말하는 것이 좋습니다.

가령, 고령자를 대상으로 한 사기 사건에 관해서도 "고령자가 타깃이니까 조심하세요"라고 말하는 것보다는 "요즘 사기범들은 정말 주도면밀한 것 같아요"라고 말하면 거부감 없이 받아들이기 쉽습니다.

또한 앞서 말한 것처럼 나이가 많으니까 무리라고 생각하는 마음이 활동성을 떨어뜨려서 삶의 질 자체를 해칠 위험이 있습니다. 고령을 부각시키는 말을 삼가는 것은 그런 의미에서도 바람직합니다.

한 가지 더, **부모를 완전히 컨트롤할 수 없다는 사실을 받아들이는 것이 중요합니다.** 부모의 무모한 행동이나 완고한 태도가 마이너스 결과를 가져올 수도 있습니다. 하지만 그것은 어디까지나 부모의 인생일 뿐 내 인생은 아닙니다.

모든 사람에게 변화는 스트레스지만 **고령이 될수록 변화에 약해지는 법입니다.** 특히 경험을 과신하는 사람들에게 변화는 많은 에너지를 필요로 합니다.

따라서 '설득해서 상대를 변화시키자'라는 목표를 '일단은 계기를 만들자'로 수정할 필요가 있습니다.

 설득했을 당시에는 부모가 들은 체도 하지 않았지만 정보를 많이 접하거나 다른 사람의 체험담을 듣다 보면 생각을 바꾸는 일도 흔합니다.

 자식한테 들은 말을 '하긴 우리 애가 한 말이 일리가 있을지도 몰라' 하고 곱씹어 생각하면서 납득하기까지는 시간과 공간이 필요한 경우가 많습니다. 물론 부모로서의 체면도 있고 말이지요.

 고령자와 함께 걸을 때 물리적으로 빨리 걷지 못하는 것과 마찬가지로 정신적으로도 빨리 걷지 못하는 것이라고 생각하면 쉽게 이해할 수 있습니다.

 또한 '부모님에 관해 내가 제일 많이 알고 있다', '누구보다도 부모님을 위하는 사람은 나다', '부모님을 돌보는 일은 내가 제일 잘할 수 있다'와 같은 생각을 가진 사람이 많은데, 그런 생각을 내려놓을 필요가 있습니다.

 고령자에게는 공통된 특징도 있지만, 나이를 아무리 먹어도 저마다의 개성이 있기 마련입니다. 자식의 의견에 의존적인 부모도 있고 자신의 가치관과 판단에 따라 살기 원하는 부모도 있습니다. 그런 부모를 있는 그대로 받아들이고 지나치게 간섭하지 않는 것도 자식의 애정이 아닐까요?

자식의 입장에서 '이상적인(안전하고 장수할 수 있는) 고령자의 모습'에 부모를 끼워 맞추려고 하면 부모의 기력을 빼앗거나 관계성을 해치는 결과로 이어질 가능성이 있다는 점을 항상 염두에 두기 바랍니다.

이번 고민은?

자동차 운전을 그만두게 하고 싶어요

고령 운전자가 일으키는 사망사고 뉴스를 볼 때마다 80대에 접어든 아버지를 생각합니다. "이제 운전을 그만두는 게 어때요?"라고 물어보면 "아직은 괜찮다"고 대답할 뿐입니다. 열쇠를 감추거나 차를 폐차시키는 방법을 쓰는 경우도 있다고 들었지만, 삶의 보람을 빼앗는 기분이 들기도 하고 당장 차가 없으면 불편한 지방에 살고 있기도 해서 그렇게까지 강경한 수단을 쓰고 싶지는 않습니다. 다만 엎질러진 물을 주워 담을 수 없듯이 일이 생긴 후에는 돌이킬 수 없으니, 스스로 운전을 그만두면 가장 좋겠지요.

상실감을 부인하거나 경험을 과신하는 것에 관련된 문제라는 관점에서 보면 상위 레벨에 해당하는 문제 중 하나가 운전 문제입니다.

본인의 안전은 말할 것도 없고 타인의 생명과 관련된 일이기 때문에 문제가 되는 것이 당연합니다. 또한 고령 운전자의 사고 뉴스를 들을 때마다 충격을 받아서 빨리 해결해야 한다는 마음에 사로잡힙니다.

강경한 수단을 이용해 운전을 그만두게 하는 방법이 실제 행해지고 있고, 누가 봐도 필요한 상황이라면 그렇게 해야 마땅할지 모릅니다.

하지만 그것이 부모의 존엄성을 빼앗는 것 같아 마음이 불편한 것도 이해할 수 있습니다.

이번 사례처럼, 고령화로 인해 반사신경이나 운동 능력, 판단력이 떨어진 사람과 소통하려면 **긍정적인 제안은 가까운 가족이 하고 부정적인 제안은 전문성을 가진 제3자가 하는 방법**이 바람직합니다.

긍정적인 제안을 하는 데 가족의 역할은 이야기를 듣고 낙심하는 부모를 든든하게 지지해주는 것입니다.

여기서 '전문성을 가진 제3자'는 구체적으로 아버지가 다니는 병원의 담당 의사를 말합니다. 담당 의사에게 "운전을 그만두게 하고 싶다"고 상담해보는 것도 한 방법입니다.

담당 의사가 "아버님은 아직 시력도 좋으시고 판단력이나 운동신경도 문제없기 때문에 괜찮아요. 내가 안전하게 운전하시라고 말씀드릴게요"라고 말해준다면 고령 운전자의 사고 뉴스에 가슴을 쓸어내리는 일이 한층 줄어들겠지요.

담당 의사가 "맞아요, 이제 좀 위험하세요"라고 말하면 "선생님이 아버지께 말씀을 좀 해주세요"라고 부탁해보면 어떨까요? 그때 가족의 역할도 물어보면 좋습니다.

자동차가 꼭 필요한 지방에서 고령자를 돌보는 일을 하는 전문가라면 이런 문제의 노하우를 아마 갖고 있을 것입니다. 그것을 활용해보세요.

고령자는 권위 있는 사람을 존중하는 경향이 강합니다. 자식이 하는 말은 건방지다며 귓등으로도 듣지 않는 사람도 담당 의사가 하는 말은 귀담아 듣는 경우가 많습니다.

긍정적인 측면을 들어보게 한다

전문적으로 조언해줄 사람이 없다면 아버지와 친한 지인들에게 상의해보는 것이 좋습니다.

면허를 반납한 사람에게 직접 경험담을 들어보거나, "우리 이제 서로 조심해야지"라는 대화를 나누게 하거나, 자차라는 교통수단이 없어진 후에 어떻게 사람들과 즐거운 만남을 계속할 수 있었는지 조언을 들어보게 합니다.

이를테면 데이 서비스(고령자를 위해 식사, 목욕, 레크리에이션 등을 제공하는 일본의 노인 복지 서비스-옮긴이)를 잘 활용하고 있는 사람이 "데리러 오고, 운전해주고, 친구들과 놀면서 지낼 수 있으니까 이렇게 좋은 팔자가 없어. 많이 이용할수록 좋아"라고 말해준다면 '운전을 못하게 되었을 때의 자신'과 '고령자 서비스를 이용하게 되었을 때의 자신'을 긍정적으로 그려보기 쉽겠지요.

지금 갖고 있는 것을 손에서 놓기 힘든 것은 자신의 앞날이 잘 그려지지 않아 불안하기 때문입니다.

나이를 먹어간다는 것은 미지의 영역에 발을 내딛는 것이라서 불안한 것이 너무나 당연합니다.

이미 먼저 경험한 사람에게 조언을 구하고 긍정적인 측면을 들어보는 것은 매우 좋은 체험이 됩니다.

조언을 듣는 사람의 입장에서도 자녀에게 직접 "이제 위험하니까 운전 그만두세요", "남의 생명을 앗아갈 수 있어요" 등의 말을 듣는 것보다 대등한 관계인 친구에게 궁금한 점을 듣는 편이 마음을 열고 경청할 수 있고 또 자신의 일이라고 생각하기 쉬울 테지요.

제1장 정리

남편의 불만을 남편의 불안으로 생각한다.

아내가 불만을 표할 때 배려하는 태도로 대한다.

부모에게 거북한 말을 해야 할 때는 친자식이 한다.

자신을 용서하고 위로해준다.

나이를 먹을수록 변화의 가짓수를 최대한 줄인다.

부모에게 부정적인 제안을 할 때는
제3자에게 도움을 청한다.

제 2 장

자녀·형제와의 관계를 위한 기술

가만히 지켜보는 것이
자녀에게 힘이 된다

성인이 된 자녀와 어떻게 지내는 것이 좋을까요? 핸드폰 좀 그만 봐라, 방 청소 좀 해라 등과 같은 자질구레한 일상에 대한 문제뿐만 아니라 진학이나 취업, 결혼 등 인생의 중요한 전환점에서 "이렇게 해라", "~하는 편이 좋지 않겠니?"라고 잔소리를 하면, 아이는 듣기 싫은 티를 팍팍 냅니다. 그렇다고 아무 말도 하지 않으면 무책임한 부모가 된 것 같아서 불안해집니다.

부모의 역할은 자녀의 연령이나 성장에 따라 달라집니다.

자녀가 갓난아이였을 때는 울음소리만 들어도 무엇을 원하는지 알 수 있어 그 요구를 들어주었습니다. 다시 말해서 뭐든지 미리 헤아리고 생각해서 자녀가 쾌적하게 지낼 수 있는 환경을 만들어주는 것이 부모의 역할이었지요.

그리고 자녀는 조금씩 성장해갑니다. 우는 것 말고도 자기표현을 하게 되고 "내가 할 거야"라며 뭐든지 스스로 하고 싶어하는 시기를 보냅니다.

부모의 역할은 자녀의 성장 단계에 맞춰 자녀의 성장을 해치지 않는 선에서 차츰차츰 자녀가 자기 일을 스스로 할 수 있도록 이끌어주는 것입니다.

아울러 실패도 긍정적으로 받아들여야 하는 일이 있습니다. 예를 들어 아장아장 걷는 아이가 행여 넘어질세라 계속 안아준다면 아이는 언제까지고 스스로 걸을 수 없게 됩니다. 자전거의 보조바퀴를 떼는 것도 마찬가지고요. 때로는 넘어지면서 스스로 균형을 찾아가는 시행착오가 필요합니다. 이것이 현저하게 나타나는 시기가 사춘기입니다.

사춘기가 되면 자녀는 부모와 거리를 둡니다. 그때까지 절대적 존재였던 부모를 멀리하거나 삐딱한 시선으로 보며 오히려 친구나 선배와 더 가깝게 지냅니다.

부모의 가치관과 인간관계의 테두리 안에서 살던 자녀는 사춘기(반항기) 때 부모와 거리를 두면서 자기 나름의 가치관과 인간관계를 키워나갑니다.

절대적인 존재였던 부모가 '소중하되 어쨌든 절대적이지 않은' 존재로 자리 잡으면 비로소 자녀가 어른이 되었다고 할 수 있습니다.

같은 어른으로서 대화한다

이러한 큰 흐름을 생각해보면 자녀가 성인이 되었을 때 부모의 역할이 무엇인지 쉽게 알 수 있습니다.

기본적으로 성인이 된 자녀에게 특별한 경우가 아니라면 '부모로서' 지나치게 관여하지 말고, 오히려 대등한 성인으로서 존중해주는 것이 서로의 마음 건강을 위해 도움이 되고, 자녀 또한 어른으로서 필요한 책임감을 기를 수 있습니다.

성인이 된 자녀에게 부모가 섣불리 지레짐작해서 주의를 주거나 챙겨주면 자녀는 진정한 의미에서 어른이 될 수 없거니와 또 자신의 인생에 책임을 질 수도 없게 됩니다.

정작 자녀가 자립하면 그런 부모를 '이상하다'고 생각하고 멀리할 것입니다. 이것은 그 자체로도 너무나 서글픈 일이고 훗날 자녀의 배우자나 손주와의 관계에 나쁜 영향을 미칠지도 모릅니다.

일상의 자질구레한 일이 마음에 걸린다면 '**부모로서**'가 아닌 '**한 집에서 같이 생활하는 성인으로서**' 서로 대화를 나누는 것이 좋습니다.

청소 문제를 예로 들면, 함께 사용하는 거실을 어지럽힌다면 한집에서 같이 생활하는 성인으로서 규칙을 만드는 것이 좋습니다.

대신 자녀의 방에는 부모가 들어가지 않는 편이 좋습니다. 어질러진 방이 눈에 밟혀도 입을 다물어야 결과적으로 원만하게 지낼 수 있습니다.

가족이 함께 사용하는 공간에서 규칙을 못 지킨다면 자녀는 독립해서 나가야 할 때입니다. 어디까지나 그곳은 부모의 집이고 성인이 된 자녀는 자신의 방 이외에는 '사용을 허락받은' 입장이니까요.

방을 어지르면 주의를 준다거나 핸드폰을 못하게 말리는 것처럼 어린아이 같은 환경을 계속 제공한다면 자녀는 자신의 행동에 스스로 책임을 지거나 인생을 진지하게 생각하는 습관이 쉽게 몸에 배지 않을 것입니다.

아무 말도 하지 않는 것이 부모로서 무책임한 것은 아닙니다. 성인이 된 자녀에게 부모로서 책임을 지고 싶다면 '애써 어른 취급하는(즉, 함부로 말참견하지 않는) 것'이 중요합니다.

부정하기 전에 먼저 이야기를 들어본다

자질구레한 일상생활에 관해서는 입을 꾹 다물고 진학과 취업, 결혼 같은 인생의 큰 변곡점에 서면 '인생의 선배'라는 입장에서 대화 상대가 돼주는 것은 괜찮습니다.

어디까지나 '인생의 선배로서' 대화하며 조언을 하는 것이므로 "이런 학교는 안 돼", "좀 좋은 곳에 취직해라", "그 사람은 결혼 상대로서 마음에 안 든다" 등과 같은 감정을 건드리는 말은 삼가는 게 좋습니다.

부모 눈에는 당치 않은 선택지일지라도 자녀의 말을 찬찬히 들어보면 나름대로 신중하게 잘 생각했구나, 하고 감탄할 때가 많습니다.

부모는 체면 또는 자신이 살아온 시대의 가치관을 중심으로 생각하기 쉽지만, 자녀는 본인의 성격 등을 충분히 고려해서 생각한 것입니다.

우선은 '하지만', '그래도' 같은 말로 대화를 가로막지 말고 차분히 이야기를 들어주세요.

이야기하다가 자녀 나름의 깊은 생각이 엿보이면 "많이 생각했구나"라고 존중해주고 "인생의 선배로서 이 부분이 좀 걱정인데, 어떻게 생각하니?"라고 어디까지나 대등한 관점에서 문제 제기를 하는 것이 좋습니다.

이런 과정을 거쳐 결정한 진로라면 좌절하거나 실패했을 때 다시 상담하러 올 것입니다.

"그런 것은 당치도 않아!"라고 부정하는 말부터 꺼내면 자녀는 오히려 고집을 부리며 '자기가 하고 싶은 일'이 아닌 '부모에게 보란 듯이 보여주기 위한 일'을 목표로 삼기도 합니다. 그러면 행복한 인생에서 한발 멀어지게 되고 이는 부모로서 바라는 바가 아닙니다.

성인이 된 자녀는 부모와 다른 가치관과 성격을 가지고 있습니다. 시대 배경도 다르고요. 따라서 대등한 성인으로서 자녀에게 배우려는 생각을 갖는 것이 좋습니다.

　물론 고민이나 좌절을 숱하게 겪을 것입니다. 그럴 때 '부모가 말한 대로 했으면…' 하는 태도가 아니라 '항상 네 편이니까' 같은 자세를 분명히 보여주세요.

이번 고민은?

아들이 취직을 못했어요

아들이 대학교 4학년이라 취업 준비가 한창입니다. 인기가 많은 업종에 취업하고 싶어 하지만 매번 불합격입니다. 이제는 원서를 제출할 만한 기업도 거의 바닥났습니다. 한 번은 "취업 준비는 잘 돼가니?"라고 물었더니 잔소리 좀 그만하라며 불같이 화를 냈습니다. "학교 취업지원센터에 가서 상담해보면 어떨까?", "다른 업종에도 원서를 내보면 어떨까?"라는 말을 하고 싶어 입이 근질거리지만 지금은 꾹 참고 있습니다. 아무래도 1년 더 취업을 준비하거나 대학원을 생각하는 눈치입니다. 무능력한 부모는 지켜보는 것밖에 할 수가 없나요? 걱정입니다.

상담 사례를 보면 내담자의 고민이 느껴집니다. 하지만 취업이 되지 않아 가장 고민되고 애가 타는 사람은 아들 본인일 것입니다.

"취업 준비는 잘 돼가니?"라는 말을 듣고 "잔소리 좀 그만해!"라고 화를 낸 것은 본인도 괴로워하는 가장 아픈 곳을 찔렀기 때문일 것입니다.

어쩌면 또 인기 업종에만 지원한 자신을 후회하고 있을지도 모릅니다.

"학교 취업지원센터에 가서 상담해보면 어떨까?", "다른 업종에도 원서를 내보면 어떨까?"라는 말은 아마 아들도 진즉에 생각했거나 선배한테 조언을 구했을 것입니다.

만약 상담할 만한 선배가 없다면 언젠가 벽에 부딪쳤을 때 부모님에게 고민을 상담하러 오지 않을까요?

그 상담은 이제 글렀다며 될 대로 되라는 식으로 말할지도 모르지만, 이는 부모님에게 도움을 청하는 하나의 표현법입니다. 따라서 아들이 조언을 구하러 오면 생각이 떠오르는 대로 말해도 좋습니다.

상담 내용 중에서 자녀분의 힘을 느낄 수 있었습니다. 1년 더 취업을 준비하거나 대학원을 생각하는 눈치라는 부분에서 말입니다.

자녀분은 어엿한 어른으로서 '취업이 안 됐다'는 사태를 스스로 헤쳐나가려고 노력하고 있습니다.

현실적인 조언을 해줄 만한 사람과 상담할 준비가 되어 있을 것입니다. 오늘날에는 취업이 잘됐다고 해서 인생의 꽃길을 보장하지는 않습니다.

뭔가 벽에 부딪치거나 실패할 때마다 스스로 생각해서 살아남을 선택지를 결정하는 능력은 앞으로의 인생에서 반드시 도움이 될 것입니다.

취업을 못하고 있는 상황을 단순히 결과만 놓고 바라보지 말고 충분히 취업에 대해 조언을 구하고 상담해봤는지, 하는 점을 눈여겨봐 두는 게 좋습니다.

언제나 네 편이라는 것을 전한다

앞서 이야기한 사례에서 "무능력한 부모는 지켜보는 것밖에 할 수가 없나요?"라는 질문이 나오는데, 절대 그렇지 않습니다. 오히려 부모는 언제 어디서나 자녀의 편이라는 점에서 매우 힘이 있는 존재입니다.

자녀가 취업을 준비하면서 계속 불합격을 받거나, 취직한 뒤에 병에 걸리는 등 도움이 꼭 필요할 때는 집에 들어와서 살게 하거나 경제적인 지원을 해주기 바랍니다.

"무슨 일이 있어도 네 편이야"라고 말해주는 존재는 정말로 마음이 든든한 법입니다. 그리고 이런 말을 조건 없이 해줄 수 있는 사람은 부모밖에 없습니다.

가장 주의해야 할 점은 부모의 불안한 마음까지 전가시키는 것입니다. 자녀는 각자 저마다의 모습이나 속도로 성장해간다는 것을 염두에 두기 바랍니다.

거듭되는 불합격으로 가장 속이 타는 사람은 자녀일 것입니다. 거기에 부모의 불안한 마음까지 보태면 자녀의 불안한 마음만 커질 뿐입니다.

특히, "어떻게 됐어?" 하고 꼬치꼬치 캐묻는 질문은 불안에 떨고 있는 사람을 더욱 불안하게 할 뿐 아무런 도움이 되지 않습니다. 자녀의 입장에서는 자신의 불안한 마음뿐만 아니라 부모의 불안한 마음까지 돌봐줘야 하기 때문에 더욱 괴로울 것입니다.

부모는 "무슨 일이 있으면 언제든 말해", "요즘 취업하기가 힘들다고 하니까 너무 자신을 몰아세우지 마"라고 말하며 항상 자식의 편이라는 마음을 굳게 가지고 지켜보는 것이 가장 좋습니다.

자녀의 사정을 존중한다

요즘 자식이 점점 멀어져가는 느낌이 들어 슬픕니다. 부모의 품을 떠나 자립하는 거라고 생각하면 기쁜 일이지만, 어딘가 남처럼 서먹하게 행동하는 자식을 보면 괴롭고 기분이 나아지지 않습니다. 어릴 때는 그토록 내 꽁무니만 따라다녔는데, 이대로 내 품에서 멀어진다면 지금까지 무엇을 위해 그토록 애지중지 자식을 키워왔는지 허무하기 짝이 없습니다.

부모와 자식은 정말이지 복잡한 관계입니다.

어릴 때 아이는 부모에게 무조건적으로 사랑을 주는 존재입니다.

'이런 사람이 우리 엄마, 아빠가 아니라면 좋을 텐데'라는 생각을 하지 않습니다. 또 '엄마, 아빠한테도 여러 가지 사정이 있을 거야'라고 생각하지도 않으며, 부모의 한숨 소리를 들으면 '좀 더 착한 아이가 돼야지'라고 생각합니다.

자신을 학대하는 부모에게조차도 '인간으로서 용서할 수 없다'고 생각하기보다는 '좀 더 착하게 말을 잘 들었으면 다정하게 대해줬을 텐데'라고 생각합니다.

그리고 사춘기가 찾아옵니다. 이 시기는 '반항기'라고도 불립니다. 지금까지 부모의 가치관이나 인간관계의 테두리 안에서 지냈지만 이제부터는 자신의 가치관과 인간관계를 차곡차곡 쌓아갑니다.

이 시기에는 부모를 이유 없이 싫어하거나 친구나 선배에게 친밀감을 느낍니다. 이는 결코 '부모의 말을 안 듣는 나쁜 아이'가 되었기 때문이 아니라 아이가 어른이 되기 위해 부모와 거리를 두고 애쓰기 때문입니다.

이 시기를 지나면 아이는 어른이 되고 자신의 가치관을 구축하며(물론 부모의 가치관에 많은 영향을 받습니다) 부모를 '자신의 인간관계' 속에 자리매김할 수 있습니다.

자녀는 세 살 때까지 평생 해야 할 효도를 다한다

자녀와 친밀한 관계를 맺어온 부모에게는 자녀가 품을 떠나는 것이 너무나 허전하고 쓸쓸한 일입니다.

하지만 '자녀의 자립'과 '부모의 자립'은 필요합니다. 그렇게 하지 않으면 자녀는 진정한 어른이 될 수 없습니다.

자녀 양육을 '기브앤테이크'처럼 생각하면 나는 이만큼이나 해주었는데, 하는 서운한 마음이 들겠지요. 자녀가 결혼해서 부모보다 배우자를 더 소중히 아끼는 모습을 보면 분노마저 느낄지 모릅니다.

'자녀는 세 살 때까지 평생 해야 할 효도를 다한다'는 말이 있는데, 정말 그렇습니다. 아기들은 너무 귀엽고, 부모를 무조건적으로 믿고 의지하는 모습을 보면 가슴이 따뜻해집니다(물론 물리적으로는 힘듭니다).

이렇게 애지중지하며 키운 자녀이기 때문에 훌륭하게 잘 자랐네, 하고 생각하면 부모 품을 떠나 자립한 자녀가 사회를 위해 이바지하는 모습을 지켜보기 쉬울 것입니다.

부모가 나이가 들면 반대로 자녀에게 도움을 받는 입장이 되는 경우가 다반사입니다. 그럴 때 '어린애나 마찬가지면서'라고 생각하지 말고 내가 키운 아이가 어엿한 어른이 되었다고 생각하면 좋습니다.

지금까지 말한 것처럼 **부모와 자녀의 관계는 언제까지나 대등하지는 않습니다.** 하지만 그렇게 이루어진 것이 부모와 자녀 사이입니다.

이번 고민은?

딸을 출가시키니 쓸쓸해요

오랜 세월 같이 살던 딸이 결혼해서 집을 나갔습니다. 물론 한없이 기쁘지만, 한편으로는 마음이 허전하고 쓸쓸하네요. 부모로서 역할이 끝나 내 삶의 의의를 잃은 듯한 기분이 듭니다.

애지중지 키운 딸이 출가해서 자신이 꾸린 가정에 집중합니다.

요즘은 결혼하는 사람이 줄고 있어서 이 또한 당연히 축하할 일이지만, 딸을 애지중지 키운 부모님은 허전하고 쓸쓸한 마음이 드는 것이 당연합니다.

주위 사람들에게는 "이제야 결혼해서 출가시켰어요"라고 안심한 듯한 표정을 지으며 말하지만(물론 실제로 안심이 되기도 합니다) 이는 명백히 '상실 체험'입니다.

마냥 기뻐하지 못하는 스스로를 인정하고 위로해준다

모든 변화는 인간에게 스트레스가 됩니다. 그야말로 결혼처럼 '경사스러운 변화'라 할지라도 말입니다.

이 상황에서 여러 가지 감정이 나옵니다. 우선은 '딸의 결혼을 온전히 기뻐해주지 못하는 자신'을 인정해주면 어떨까요?

앞으로 딸과 함께 생활하지 못하게 된 것은 사실입니다. 허전하고, 슬프고, 앞으로 어떻게 해야 좋을지 모르겠는 이러한 감정을 품는 것은 지극히 자연스러운 일입니다.

우선 이 시기에 허전한 마음이 드는 것은 자연스러운 일이라고 자신을 위로해주세요. 허전함이 드는 것은 그만큼 열심히 딸을 키워냈다는 증거입니다.

한동안은 자연스럽게 흘러가는 대로 허전함과 슬픔에 잠겨있다 보면 차츰 활기찬 모습을 되찾을 수 있을 것입니다.

당연히 딸이 결혼했다고 해서 부모의 역할이 끝난 것은 아닙니다. 요즘에는 이혼도 많고 배우자에게 심한 상처를 받아 친정으로 돌아오는 사람도 드물지 않습니다.

물론 이런 일은 없어야겠지만, 딸이 정말 곤란한 상황에 처했을 때 도와줄 수 있도록 부모로서 마음의 준비를 해두는 것이 중요합니다.

딸의 모습에서 이상한 낌새가 느껴지거나 간절하게 도움을 청해올 때는 부모의 역할을 발휘해서 도와주세요. 물론 필요에 따라 육아를 도와줄 수도 있습니다.

어려움에 처했을 때는 도와주세요. 얼굴만 봐도 금방 알 수 있을 것입니다. 부모는 언제나 그래왔으니까요.

자녀의 가정에 지나치게 관여하지 않는다

생각처럼 쉽지 않지만, 딸의 가정에 지나치게 관여하지 말아야 합니다. 지나친 관여는 딸의 가정에 나쁜 영향을 줍니다.

'일란성 모녀'라고 빗대어 말하기도 하지만, 모녀간의 사이가 너무 각별하면 딸의 남편(사위)이 소외감을 느끼고 가정을 등한시하게 됩니다.

그러면 딸은 외롭고 어딘가 충족되지 못한 기분을 느낄 테고 훗날 태어날 아이(어머니에게는 손주)에게도 좋지 않습니다.

아이에게는 부모의 사이좋은 모습을 보고 자라는 것이 매우 중요합니다. "당신은 장모님하고만 아이를 키우고 있잖아!", "아니, 당신은 일밖에 모르잖아! 아무짝에도 쓸모가 없어!"라며 언쟁하는 모습을 아이에게 보이지 말아야 합니다. 평소 부부간의 소통을 중요시한다면 이런 진흙탕 싸움을 할 일은 없을 것입니다.

자신의 인생을 즐긴다

자녀 양육에 전념하며 살아온 사람에게는 자녀의 독립이 분명 삶의 존재 의의를 잃은 듯 느껴질 것입니다.

하지만 이것도 인생에서 필요한 큰 변화입니다. 멀리서 따뜻한 시선으로 딸을 지켜보고, 한 사람의 인간으로서 자신을 찬찬히 되돌아보세요.

자녀가 집을 떠난 직후에는 허전함이 클 것입니다. 하지만 그동안 자녀 양육을 위해 희생한 것은 사실입니다. 자녀를 신경 쓰느라 항상 자신은 뒷전으로 미룬 것만 봐도 그렇습니다.

이제부터는 한 사람의 인간으로서 인생을 즐길 시기입니다. 지역 활동이나 취미 모임, 여행 등 뭐든지 좋습니다.

사실은 딸도 '엄마, 아빠를 외롭게 하진 않았을까'라고 죄책감을 느낄지도 모릅니다. 그런데 **인생을 편안하게 즐기는 부모님을 보면 딸도 안심할 것입니다.** 비록 함께 생활하지 못하더라도 부모 자식관계는 영원히 지속되니까요.

이번 고민은?

아이 생각이 없는 아들 부부에게 섭섭해요

외아들 부부는 "아이는 필요 없고 부부의 시간을 소중히 하고 싶다"고 말합니다. 뭐라 말하지는 않았지만 손주를 안아볼 날을 손꼽아 기다렸기 때문에 너무 섭섭합니다. '부부 사이의 일은 본인들이 결정할 일'이라는 건 알지만 마음으로 이해되지는 않습니다.

아들이 그렇게까지 확실히 말했다면 현시점에서 할 수 있는 일은 아무것도 없습니다.

'부부 사이의 일은 본인들이 결정할 일'이라고 이해해준 것만으로도 좋은 부모님이라고 생각합니다. 개중에는 미주알고주알 온갖 참견을 하며 아들 부부를 상처 입히는 사람도 있습니다. 또한 가정폭력이 만연한 요즘, 배우자를 소중히 여기는 마음은 훌륭하다고 생각합니다.

어쩌면 아들 부부도 살다 보면 아이를 원하게 될지도 모릅니다(나도 20대에는 아이를 낳지 않으려고 했지만, 30대에 두 아이를 낳고 정말 행복하게 아이들을 키우고 있습니다).

아들 부부의 생각을 바꾸는 데 어쩌면 "힘들 때는 육아를 도와줄게"라는 말이 어떤 계기가 될지도 모릅니다. 다만 시어머니에게 육아를 맡기면 아이를 빼앗긴다고 생각하는 며느리도 있기 때문에 '육아 경험이 풍부하니까'라는 태도가 아니라 '너희의 방침을 따를게'라고 명확하게 의사를 전달하는 것이 좋습니다. 이상적인 육아의 방식은 세대에 따라 달라지기 때문입니다.

모든 사람에게는 사정이 있다

아이를 갖고 안 갖고는 당연히 본인들이 결정할 일입니다.

사람은 모두 저마다의 '사정'을 안고 살아갑니다. 부모가 모르는 어떤 사정이 있을지도 모릅니다.

원치 않은 임신을 하게 되면 육아의 질이 걱정되고, 반대로 아이를 가지려고 해도 둘 중 어느 한 사람의 문제로 임신을 하지 못할 수도 있습니다. 어쩌면 둘이 이미 검사를 마쳤고 '아이는 포기하자'고 결정했을지도 모릅니다.

사실 불임의 원인이 남자 측에 있더라도 보통 여자 측에 문제가 있다고 생각하는 경향이 있기 때문에 이를 피하기 위한 방편으로 '부부의 시간'을 운운했는지도 모릅니다. 이는 당사자가 아니면 알 수 없습니다. 여하튼 민감한 문제이므로 부모가 먼저 꼬치꼬치 캐묻지 않는 것이 좋습니다.

스스로에게 '가엽다'고 토닥여준다

일단 **마음을 접는 과정이 필요합니다.** 앞으로의 일은 알 수 없지만 현시점에서는 '손주가 생기는 인생'에서 '손주가 없는 인생'으로 변화했기 때문입니다. 우선 그 **변화에 적응해야** 합니다.

그리고 손주를 그토록 원한 이유가 무엇인지 찬찬히 돌이켜 생각해보세요. 그 이유가 정당하다고 생각되면 스스로에게 '꿈을 이루지 못해 가엽다'고 토닥여주세요. 신뢰할 수 있는 사람에게 이야기를 털어놓아도 좋습니다.

앞으로 어떻게 하고 싶은지 생각한다

꼭 혈연이 아니더라도 아기나 어린아이를 좋아하는 것일지도 모릅니다. 그렇다면 육아 자원봉사 등에 적극적으로 참여할 수 있습니다.

할머니는 고사하고 부모에게도 사랑을 받지 못한 아이들이 주변에 많습니다. 육아 경험을 살려서 그런 곳에서 활약해보는 것도 하나의 방법입니다.

또한 노후에 손주를 돌보겠다고 마음을 먹은 분이라면, 삶의 큰 전환이 됩니다. 노후를 즐기기 위해 무엇을 할지 스스로 생각해볼 기회가 되겠지요.

자녀 양육에 온 힘을 쏟아온 사람에게 '손주'는 당연한 미래였을 테지만, 다른 분야에서 폭넓은 시야로 자녀들의 성장을 응원해주면 어떨까요?

자녀분은 아마 '어머니에게 손주를 안겨주지 못해 미안하다'는 마음을 어딘가에 가지고 있을 테니까 어머니가 활기차게 생활하는 모습을 보면 한시름 놓을 것입니다.

이번 고민은?

아들과 화해하고 싶어요

1년 전에 아들과 진학에 대한 의견 차이로 말다툼을 한 뒤, 서로 전혀 말을 하지 않습니다. 원래부터 아들과는 성격이 맞지 않고 공통된 관심사가 전혀 없습니다. 이대로는 안 되겠다 싶지만 화해할 만한 계기가 없습니다.

부모와 자녀 사이에는 아무래도 '상대를 위해서' 하는 걱정이 많아져서 다른 인간관계라면 당연히 끼어들지 말아야 할 영역까지 끼어들거나 때때로 표현이 과격해지기도 합니다.

말다툼을 한 뒤 전혀 말을 하지 않는다는 것은 가치관과 인생관의 차이가 명확해졌다는 것을 의미합니다. 또 싸움할 당시 서로 주고받은 말로 상처를 입었거나 앞으로 어떤 식으로 대화를 하면 좋을지 전혀 알 수 없게 되었다는 의미가 아닐까요?

말다툼은 서로에게 상처를 입힙니다. 진학처럼 인생에 관련된 문제를 두고 말다툼을 하면 특히 서로의 인생과 인격 그 자체를 부정하는 뉘앙스가 들어가기 쉽습니다.

"네 생각은 너무 안일해", "너는 사회를 몰라", "아빠처럼 인생을 살고 싶지 않아요", "아빠의 그런 부분이 날 실망시켜요" 등 격렬하게 말다툼하는 사이에 예상치 못한 형태로 상대방을 상처 입히기도 합니다.

현재 상황을 '대립이 계속되고 있다'고 보면 자칫 경계하기 쉽지만 '말다툼으로 상처 입은 아들이 아빠를 자기편으로 생각하지 않게 되었다'고 보면 전망이 밝다고 생각합니다.

부모는 언제나 자녀의 편이 되려고 노력하지만 자녀가 항상 그런 메시지를 받아들이는 것은 아닙니다. 특히 격렬한 말다툼 중에 "네 생각은 안일해" 등과 같은 말을 하면 자녀는 자신의 인격을 부정당했다고 생각하거나 심지어 부모가 자신을 미워한다고까지 생각합니다.

자녀는 어른이 돼도 부모에게 인정받고 싶어 하고 '부모가 자신을 어떻게 생각할지'에 촉각을 곤두세웁니다. 무슨 일이 있어도 부모가 내 편을 들어준다는 믿음은 자녀에게 더없이 큰 힘이 됩니다.

편을 들어주는 것은 억지를 부려도 오냐오냐하며 들어준다는 의미가 아닙니다. 자녀는 자녀 나름대로 성장하면서 다방면으로 생각합니다. 우선은 자녀가 무슨 생각을 하고 무엇을 하려고 하는지 찬찬히 귀를 기울여서 듣고, 존중하고, 가능한 범위에서 지원해주고, 그리고 모른 체하지 않아야 합니다.

공통된 관심사가 없어서 대화에 어려움을 겪는 문제는 특히 아버지와 아들 사이에서 흔히 볼 수 있습니다.

공통된 관심사로 대화할 수 있는 부모와 자녀는 분명히 좋긴 하지만, 부모의 역할은 결코 그것이 본질이 아닙니다.

부모의 역할의 본질은 '아무리 의견이 다를지라도 또 어떤 상황일지라도 자식의 편'이라는 것이 아닐는지요. 좀 더 성격이 맞는 사람이 있을 테고 한정된 기간이라면 좀 더 친해지는 사람이 있겠지요. 하지만 인생에 걸쳐서 무조건적으로 자녀의 편을 들어줄 수 있는 사람은 역시 부모라고 생각합니다.

부모 또한 쑥스러운 마음에 "요전에는 미안했어"라고 불쑥 속마음을 털어놓기가 어려울 것입니다. 애초에 서로 대화하는 것을 좋아하는 관계가 아니었으므로 편하게 대화하면서 문제를 해결하는 것을 목표로 하지 않는 것이 좋습니다.

자녀와 화해의 물꼬를 트고 싶다면 가령 식사 자리에서 함께 밥을 먹을 때 용기를 내어 "전에는 말하다가 언성을 높이긴 했지만 그래도 너를 인정하고 있단다"라고 넌지시 말해보면 어떨까요? 아니면 자녀가 인생의 갈림길에서 고민할 때(진학, 졸업, 취업 등) "아빠는 앞으로도 응원할 거야!"라고 손 편지를 써보는 것은 어떨까요?

자녀의 입장에서 '자신의 존재를 부모에게 부정당했다'는 상처가 남으면, 앞으로의 인생을 좌우할지도 모릅니다.

평소 즐겁게 대화를 나누지 못하더라도 '엄마, 아빠는 항상 내 편이고 지켜봐주고 있다', '그때는 말다툼을 벌였지만 내가 한 말을 인정해주었다'고 자녀가 느낄 수 있게 하는 것이 최선의 방법이라고 생각합니다.

형제는 타인의 시작이다

───────── 형제끼리 사이좋게 지내고 싶어요 ─────────

형제가 있는데 각자 가정을 꾸린 뒤에는 평소에 전혀 연락을 주고받지 않습니다. 부모님이 건강할 때는 관계가 괜찮았지만, 어머니가 아프고 아버지가 돌아가신 뒤부터는 어색해졌습니다. 특히 금전 문제가 얽히면서 사이가 틀어졌지요. 나는 진학을 앞둔 자녀가 있고 일이 바쁘기도 해서 정신적으로나 육체적으로나 여유가 없습니다. 나이가 들면서 형제와 사이좋게 지내려면 어떻게 해야 할까요?

형제는 타인의 시작이라고 말합니다.

우연히 같은 부모 밑에서 태어났을 뿐 성격이 전혀 맞지 않는 경우가 많습니다. 또한 부모가 자녀들을 어떻게 대하느냐에 따라 형제끼리 질투하기도 하고, 자신이 부모에게 사랑받지 못한다고 생각하면 자기긍정감이 낮아지기도 합니다.

그래도 한 지붕 아래에서 같이 부대끼며 사는 동안은 여러 가지로 관계성이 있습니다. 하지만 성인이 되어 각자 생활을 하다 보면 친한 친구보다 거리감을 느끼는 일이 많아집니다.

물론 하루가 멀다 하고 연락을 주고받으며 사이좋게 나이를 먹어가는 형제도 있지만, 반드시 그럴 수만은 없는 것은 복잡한 사정이 있기 때문입니다.

친구보다 소원하게 지내는 형제와 간병이나 상속 같은 복잡한 문제를 의논하기는 힘듭니다.

부모가 살아있을 때는 부모를 통해서 어떻게든 형제의 연을 이어나갔지만 부모가 죽고 나면 '가족'이라는 의식이 희미해집니다. 또 부모가 살아있는 동안은 부모에 대한 '의리'로 함께 모이기도 했지만 부모가 죽고 나면 그럴 필요가 없어집니다.

따라서 형제니까 잘 지내려고 한다는 것은 현실적이지 않다고 생각합니다. 물론 정말 사이가 좋은 형제라면 그것은 그것대로 멋지다고 생각합니다.

먼저 내 가정을 소중히 한다

간병이나 상속 같은 '골치 아픈 문제'는 다행히 사회적으로 담당해주는 사람이 존재합니다. 상속 문제는 변호사와 상담하면 일사천리로 해결해줄 것입니다.

지적한 것처럼 금전 문제가 얽혀있으면 이야기가 복잡하고 까다로워집니다. 상속 문제는 '내가 부모를 더 많이 돌봐드렸는데'라며 감정을 개입시키지 않는 것이 매우 중요합니다. 그러려면 냉정하고 전문적으로 일을 처리해줄 제3자가 필요합니다.

이것을 '냉정하다'고 생각할 필요는 없습니다. 상속은 부모가 특별한 유언을 남긴 것이 아니라면, 전문가에게 맡겨서 합리적으로 이야기를 진행해나가면 됩니다.

간병 문제라면 데이 서비스나 노인 요양 시설을 활용할 수 있습니다.

간병은 가족의 협력이 필요하지만, 간병이 얼마나 어려운 일인지 설명하고, 혹은 내담자 본인의 집안 사정을 솔직하게 털어놓으면 충분히 이해해줄 것입니다.

실제로 간병은 전문 서비스에 맡기는 것이 대중화되고 있습니다. 자녀는 이따금 얼굴을 내밀고 '부모를 소홀히 하지 않는다'는 것을 전하는 정도면 충분합니다(제1장 「간병의 어려움을 분담한다」 참조).

부모는 내가 가장 잘 안다, 부모의 간병은 내가 가장 잘할 수 있다고 생각하는 사람이 많지만 그런 생각은 자칫 간병 우울증으로 이어질 수도 있습니다. 간병은 전문가에게 맡기는 것이 결과적으로 성공하는 사례가 많습니다. 마음이 편치 않아 도저히 남에게 맡기지 못하겠다는 사람은 집안사람끼리 합의하여 돌보는 범위를 정하고 그것만 하도록 하세요.

자신의 가정을 희생하면서까지 부모님의 간병에 얽매일 필요는 없습니다. 부모님도 그런 것은 바라지 않을 것입니다.

형제니까 서로 잘 알 수 있고 형제니까 잘 협력할 수 있다는 선입견을 떨쳐버리면 길이 열릴 것입니다.

간병에 앞서 각자 자신의 가정을 소중히 하는 것이 중요합니다. 내 아이에게 부모(내담자)는 이 세상에서 가장 소중한 존재입니다. 간병 서비스를 이용하여 남은 시간에 여유를 가지고 아이를 대하는 부모 밑에서 자란 아이와 부모로부터 애정을 받지 못해 마음이 병들어버린 아이는 분명히 차이가 납니다. 이러한 사실을 마음에 새기고, 다소 극단적이긴 하지만 **부모보다 내 자식이 우선**이라는 생각을 가지기 바랍니다.

마음먹은 대로 안 된다고 비관하지 않는다

노인 요양 시설에 맡겼는데 부모가 사망하면 '좀 더 잘 해드릴 수 있었는데'라며 죄책감을 갖는 사람이 적지 않습니다. 물론 부모에게는 감사하는 마음과 더불어 여러 가지 감정이 있을 것입니다. 그 감정을 담아 마음속으로 명복을 빌어주세요.

이를테면 친척이나 부모와 친하게 지내던 사람과 지나간 추억을 이야기하는 것은 무척 좋습니다.

너무 괴로울 수도 있겠지만 부모를 '단지 죽은 사람'이 아닌 '때로는 싫을 때도 있었지만 살아생전에 정말로 많은 것을 해준 사람'으로 회상하면서 '슬픔의 과정'을 밟아갑니다.

자녀들이 간병이나 상속 문제로 옥신각신하기보다는 살아생전의 자신을 애틋하게 생각해주는 것이 부모는 더 행복하지 않을까요?

나이 든 형제와의 관계는 '잘해야 한다'고 부담을 갖지 말고,

사회적 서비스를 충분히 활용하세요. 아울러 '형제는 타인의 시작'이므로 마음먹은 대로 일이 잘 풀리지 않는다고 비관하지 마세요.

사람은 모두 자기 자신의 인생을 걸어갈 권리가 있습니다. 그것을 자신에게도, 형제에게도 부여하는 것이 중요합니다. 그렇게 생각하면 다른 친척 등 가까운 관계지만 저마다의 인생을 걸어가는 사람들에게도 응용할 수 있을 것입니다.

불쾌한 기분으로 얼굴을 대하지 말고 상대의 행복을 바라는 것이 훨씬 애정이 가득한 것이 아닐는지요.

이번 고민은?

고향집이 없어지는 것이 괴로워요

60대인 형님 내외는 고향집에서 80대인 어머니(간병 필요 없음)를 모시고 살고 있습니다. 그런데 아버지가 돌아가신 뒤 상의 한마디 없이 지금까지 해온 쌀농사를 그만두고 논밭을 팔았습니다. 형은 화려한 것을 좋아해서 논밭을 판 돈으로 차를 바꾸거나 손주들과 해외여행을 다닙니다. 보다 못해 한마디 했더니 결국 말다툼으로 번졌습니다. 요즘에는 어머니를 만날 기회도 많이 줄었습니다.

고향집이 없어진다는 것은 현실적으로 거주할 사람이 없어서 집을 처분했다거나 아니면 생각이 맞지 않은 형제가 집을 물려받는 등 다양한 형태로 일어나지만, 여하튼 크나큰 허전함과 섭섭함을 안겨줍니다.

실제로 평소에 고향집을 의지하는 것은 아니라도 무슨 일이 있을 때 마음의 안식처가 되어주는 공간을 잃게 되기 때문입니다. 고향집을 인생의 기반이라 생각하고 있으니까요.

상담 사례자의 경우에는 어머님이 건재하십니다. 하지만 형님이 주도권을 꽉 쥐고 있어서 자신의 고향집을 잃었다고 생각하는 것이지요.

상담 내용으로 보건대 형님은 '그런 성격의 소유자'입니다. 낭비벽은 어느 정도 선천적으로 타고난 것이라서 평소 검소하게 생활하는 사람이 보기에는 도무지 이해가 가지 않습니다.

돈을 흥청망청 쓰는 형님에게 한마디 하면 오히려 노발대발하겠지요(낭비벽이 있는 사람은 쉬이 감정적이 되곤 합니다). 실제로도 형님과 말다툼을 해버렸네요.

낭비벽이 어느 정도 선천적으로 타고난 것이라 해도 이 사회를 살아가는 어른으로서 당연히 책임은 스스로 져야만 합니다.

집안 돈을 다 써버리면 실제로 곤란해지는 것은 형님입니다.

형님의 낭비벽을 없애려고 하기보다는 나중에 돈 때문에 힘들어지더라도 일절 도와주지 않겠다고 선을 그을 필요가 있습니다.

타인은 바꿀 수 없는 법입니다. 바꾸려고 하면 뭔가 부정적인 결과가 나올 뿐입니다. 오히려 지켜보고만 있어야 하는 일이 많습니다.

이 사례에서는 형님의 삶의 방식을 바꾸는 것보다 나중에 돈 때문에 힘들어져도 절대로 도와주지 않겠다고 분명하게 말하고, 정기적으로 어머니를 만나게 해달라고 약속을 받는 것이 필요합니다.

본인이 현재 안정된 생활을 하고 있다면 상속에 집착할 필요가 없습니다. 고향집의 재산이 줄어드는 것에 본인은 별반 신경을 쓰고 있지 않아 보입니다. 오히려 '쌀농사를 그만두었다', '논밭을 팔았다' 등 고향집의 모습이 점점 변해가는 것을 '고향집이 없어지는 것'으로 느끼고 있습니다.

생각해보면 형님도 엄연히 어머니의 자식입니다. 이렇게 돼버린 것도 가족의 필연이라 생각합니다. 그렇게 생각하면 조금은 받아들이기 쉽지 않을까요?

'형제니까'라는 생각을 내려놓는다

'언제나 고향집에 가면 논밭이 있고 쌀농사를 짓고 있다'는 향수 어린 생각은 충분히 이해가 갑니다. 형님에게 뭔가 한마디 한다면 돈을 낭비하는 부분이 아닌 이 부분을 말하면 순순히 받아들일 것입니다.

아울러 어린 시절의 추억 등을 이야기한다면 낭비벽은 없애지 못해도 '형제애'를 느낄 수 있지 않을까요?

또 어쩌면 다르게 생각해볼 수도 있습니다. 논밭이 있고 쌀농사를 짓는다는 것은 떨어져 사는 형제 입장에서는 변하지 않는 따스한 고향집으로 느껴질 테지만 그곳을 지키고 사는 사람에게는 전혀 다르게 느껴질 가능성도 있습니다.

특히 형님이 본래부터 낭비벽이 있었다면 농가의 검소한 생활을 견디기 힘들었을 것입니다. 지금까지 꾹 참고 살아온 만큼 인생을 즐기고 싶을지도 모릅니다.

고향집을 예나 지금이나 똑같이 유지하고 싶은 마음은 어디까지나 그곳에 살지 않는 사람의 바람이고, 당사자에게는 상당한 부담이 됐을지도 모릅니다.

형님을 '형제(가족)'로 생각하기 때문에 현재 상황을 참지 못하고 바뀌기를 바라는 것입니다. 하지만 본래 낭비벽이 있는데도 아무 말 없이 쌀농사를 참고 해온 사람이라고 생각하면 어느 정도 이해할 수 있지 않을까요?

형님은 손주도 있고 나이도 먹을 만큼 먹었습니다. 현재 상황은 지금까지의 생활에 대한 일종의 반동 심리일지도 모릅니다. 언젠가는 진정될 것입니다.

만약 진정되지 않더라도 앞서 말한 것처럼, 나중에 돈 때문에 힘들어져도 일절 도와주지 않겠다는 것과 정기적으로 어머니를 만나게 해달라는 것만 요구하면 됩니다. 그 밖에는 일절 '형제니까'라는 생각을 내려놓아야 마음이 편안해질 것입니다.

제2장 정리

부모의 불안한 마음을 자녀에게 전가시키지 않는다.

어떤 변화도 인간에게는 스트레스가 된다.

사람에게는 저마다 사정이 있다.

자녀에게 언제나 네 편이라고 전한다.

타인은 바꿀 수 없다.

제3장

친구·직장 동료와의
관계를 위한
기술

사이가 좋았던 친구와
대화가 통하지 않는다

친구와의 관계가 멀어졌어요

학창 시절에 사이가 좋았던 친구나 예전의 직장 동료 등 전에는 함께 있으면 시간 가는 줄 모르고 즐거웠는데, 오랜만에 만나니 분위기가 변했거나 대화가 통하지 않아서 '뭐지?' 하고 느끼는 일이 부쩍 늘어난 기분이 듭니다. 왜 이렇게 느끼는 걸까요? 예전 같은 관계로 돌아갈 수는 없을까요? 나이가 들면서 친구와 사이좋게 잘 지내는 방법이 있을까요?

인생은 사람마다 제각기 다릅니다.

학창 시절은 비교적 비슷한 환경에서 함께 공부하고, 좋아하는 선생님이나 싫어하는 선생님이 있고, 동아리 활동을 하고, 수학여행을 가고, 첫사랑을 고백하거나 장래희망에 대해 이야기를 나누는 등 인생에서 가장 빛나는 시기입니다.

이 시기에는 동료 의식을 끈끈하게 느끼고 신뢰관계를 쌓기도 쉽습니다.

차이를 느끼는 것은 당연하다

사회에 나가면 각자의 길을 걷게 됩니다. 직업도 천차만별입니다.

요즘에는 '사회적 승자', '사회적 패자'라는 말이 있을 정도로 사회적 성공을 가늠하는 척도나 생활환경이 사람에 따라 달라집니다.

믿고 들어간 기업이 파산하거나 정리해고를 당하는 일도 생기지요. 또 실적 부진으로 생각만큼 돈을 벌지 못하기도 합니다.

또한 직장생활을 하지 않는 전업주부라 해도 사는 모습은 천차만별입니다. 그야말로 부자와 결혼한 사람이 있는 반면 생활비에 보태기 위해 부업을 하면서 알뜰살뜰 살림을 꾸려나가는 사람도 있습니다.

하지만 같은 주부라도 가정환경에 따라 당연히 보는 관점이 달라집니다. 이런 사람들의 이야기가 과연 서로 통할까요?

"이번에는 유명한 요리사 ○○○ 씨를 초대해서 가든파티를 하려고 해. 시간이 되면 올래? 어머, 입고 올 드레스가 없나?"와 같은 얼굴이 찌푸려지는 장면이 연출될지도 모릅니다.

사생활은 경제력만 말하는 것이 아닙니다. 가족이 병에 걸렸거나, 아이가 학교에서 따돌림을 당해 등교 거부를 하거나, 가족이 경제적인 문제를 안고 있는 등 집안 식구들 때문에 골치 아픈 문제를 안고 있기도 합니다. 혹은 너무 소중한 사람과 사별한 경우도 있습니다.

아무 걱정 없이 편하게 살고 있는 사람과 당연히 대화가 통할 리 없겠지요.

나이를 먹는 방식도 사람에 따라 천차만별입니다. "나이를 먹으니까 점점 더 사는 게 즐거워!"라고 말하는 사람이 있고, "나이를 먹을수록 잃는 것투성이다"라고 생각하는 사람이 있습니다.

또 나이를 먹으면서 건강을 해치는 사람이 있고, 언제나 기운이 펄펄 넘치고 건강한 사람이 있습니다. 저마다 감각이 다른 것도 당연하겠지요.

학창 시절에는 아직 사회를 모르는 만큼 가치관이 비슷하다고 느끼는 사람이 많습니다. 특별한 사정이 있지 않은 한 대부분의 사람은 앞으로 펼쳐질 미래에 대한 기대감과 긴장감을 안고 있을 것입니다.

학창 시절과 비교하면 **생활환경이 다양해진 후에는 차이가 생기는 것이 당연합니다.**

노후에 대한 생각도 어느 정도 나이가 들면 사람마다 제각기 달라집니다. 건강상의 불안이나 경제적인 불안을 심하게 느끼고 있는 사람과 경제적으로 여유로운 사람이 체감하는 것은 완전히 다르겠지요.

이렇게 생각하면 **서로 의견이 맞지 않고 대화가 통하지 않는 것은 지극히 당연한 일입니다.**

하지만 옛 친구는 소중한 재산이라 할 수 있습니다. 그렇다면 친구와 어떤 식으로 관계를 맺고 유지하는 것이 좋을까요?

물론 비슷한 생각을 가진 친구와는 지금도 여전히 좋은 관계를 유지할 수 있겠지요. 똑같은 병을 앓고 있거나 자녀 양육에 관해 같은 고민을 안고 있다면 신나게 이야기꽃을 피울 것입니다. 오랜 친구이기 때문에 마음을 터놓고 허심탄회하게 이야기할 수 있습니다.

그럼, 그렇지 않은 친구와는 어떻게 지내면 좋을까요?

'학창 시절에는 공통점이 많았다'는 것이 힌트가 됩니다. 학창 시절의 수많은 추억은 언제까지나 소중한 재산입니다. 당시에 사이가 좋아서 즐거웠다는 것은 나중에 어찌 됐든 간에 변하지 않는 사실입니다.

그러므로 당시의 추억 이야기를 꺼내면 친구와 신나게 이야기꽃을 피우며 유대감을 느낄 수 있습니다. "그런 일이 있었지", "그게 재밌었지", "젊었으니까 그렇게 했지" 등과 같은 이야기는 세대를 초월해 영원히 즐거움을 주지 않을까요?

유복해서 무엇 하나 부족할 게 없어 보이는 친구일지라도 "아버지한테 물려받은 회사가 요즘 많이 힘들어. 나보다 나이가 많은데 업무 능력이 탁월한 부하직원이 있어. 나 말이야, 사실은 좀 더 편하게 살고 싶었어" 등과 같은 말을 털어놓을지도 모릅니다. 오랜 친구이기 때문에 가능한 일이지요.

또한 '왜 그러지…?' 하고 고개를 갸웃하게 되는 친구가 있다면, 그럴 만한 사정이 있을 것입니다. "뭔가 예전이랑 달라졌네.

전에는 훨씬 당찬 성격이었는데. 무슨 일 있었어?"라는 식으로
이야기를 꺼낸다면 공감할 수 있을지도 모릅니다.

모든 사람은 저마다 사정이 있다

예전 같은 관계로 돌아간다는 것은 자칫 인생을 역행하는 것이 됩니다.
학창 시절처럼 단순히 동료 의식을 느꼈을 때와 달리 저마다 많
은 일을 겪으며 어른이 된 것이니까요.

'정말이지 이 사람의 가치관만은 받아들일 수 없다'고 생각
하는 사람과는 예전에 아무리 사이가 좋았더라도 무리해서 좋
은 관계를 유지할 필요는 없습니다.

기껏해야 해도 그만이고 안 해도 그만인 추억 이야기를 나누
는 정도면 됩니다.

하지만 '학창 시절에 사이가 좋았다', '옛날에 그 친구가 어떤
사람이었는지 알고 있다'는 기반이 있으면 친구가 겪어온 그간
의 사정에 대해 마음을 열기 쉽다는 장점이 있습니다.

'워낙 보스 기질이 있었지. 무리하게 부하직원의 책임을 떠맡
는 바람에 고생을 많이 했네. 역시 그 친구답다' 같은 생각을
할 수도 있겠지요.

물론 돈을 빌려주지는 못하겠지만 '너를 믿고 있어', '응원할게', '가끔이라도 우리 집에 밥 먹으러 와' 하고 격려할 수도 있습니다.

친구와 대화가 통하지 않아요

학창 시절부터 친하게 지냈던 친구와 얼마 전에 오랜만에 만났습니다. 친구가 자기 이야기를 하면서 "난 멍텅구리라서"라고 하기에 무심코 "그래 맞아!"라고 대꾸하니 친구가 "뭐야!"라며 발끈하는 게 아니겠습니까. 예전 같으면 짓궂게 놀리거나 대놓고 지적을 해도 아무렇지 않기 때문에 깜짝 놀랐습니다. 다른 이야기로 화제를 돌렸지만 "뭐라고?"라며 말대꾸하거나 자기 말만 일방적으로 해서 전혀 즐겁지 않았습니다. 친구가 멀어진 느낌이 들어 서운합니다.

자세한 사정은 모르겠지만 '멍텅구리'라는 말의 뉘앙스를 그 친구가 예전과 다르게 받아들인 것처럼 보입니다.

"뭐야!"라고 발끈하거나 "뭐라고?"라며 말대꾸하고 자기 말만 일방적으로 하는 모습을 봐서는 옹졸하고 속이 좁은 친구 같습니다. 그런데 이처럼 옹졸한 어른이 된 배경에는 뭔가 사정이 있지 않을까요?

너그럽게 받아들이지 못할 때는 스스로에게 여유가 없을 때입니다. 그리고 뭔가를 일방적으로 단정 짓는 모습은 스스로가 '꼭 그렇게 해야 한다'는 강박관념에 사로잡혀 행복하지 않다는 것을 나타내는 경우가 많습니다.

친구가 별로 행복하지 않은 인생을 보내고 있는 것은 아닐는지요.

타인에게 너그럽지 않은 사람은 자신에게도 너그럽지 않은 경우가 많습니다. 남에게 비판을 받거나, 자신이 노력한 결과가 형편없거나, 현재 고민거리가 있거나 등 여러 가지 가능성을 생각할 수 있습니다.

그러나 이것은 모두 그 친구의 사정일 뿐 두 사람의 관계성이 변한 것에 대해 내담자는 아무 책임이 없습니다. 분명히 서운한 일이니까 서운함을 느끼는 것은 당연합니다. 더는 여기에 의미 부여를 할 필요가 없습니다.

그 친구에게 조금이라도 여유가 생길 때까지 잠시 거리를 두고, 지금은 함께 즐거운 시간을 보낼 수 있는 친구를 만나세요. 방법은 이것뿐이라고 생각합니다.

지금 상황에 맞는 인간관계를 찾는다

'예전 같은 관계로 돌아가고 싶다'고 생각하는 것은 그리움에서 비롯된 감정으로 당연하다고 이해할 수 있습니다. 그런데 왜 사람들은 그렇게 생각하는 걸까요?

하나는 빛나는 청춘 시절이라는 요소가 있습니다.

더 이상 학생이 아닌 신분으로서는 여러 가지 형태로 사회적인 책임을 지게 되고 보람과 더불어 고충을 느낍니다. 또 타협해야 하는 일이 많습니다.

그럴 때 이상론을 함께 나누고 특히 여학생이라면 껌딱지처럼 꼭 붙어서 사이좋게 지내던 학창 시절의 우정이 너무나 빛나고 마음을 따스하게 감싸주었을 것입니다.

현재 위화감을 느끼는 배경에는 이런 감정을 상실했다는 안타까운 마음이 있을지도 모릅니다.

하지만 나이를 먹는다는 것은 그런 것입니다. 아울러 풋풋한 이상론은 물론이고 천차만별인 사람들을 이해하는 마음이 갈수록 깊어집니다. 또 남의 사정에 대해 너그러워집니다.

이렇게 성장한 현재의 자신이 예전에 사이가 좋았다는 특별한 사람들과, 상대에 따라 더 친하고 덜 친한 정도의 차이는 있겠지만 지금 상황에 맞는 인간관계를 찾기 바랍니다.

상담 사례에서 말한 친구와는 잠시 거리를 두면 어떨까요? 친구가 변하지 않으면 내담자의 삶의 질이 떨어질 뿐입니다.

다만 친구가 변한 진짜 이유(어떤 불행을 겪었는지)를 알면 든든한 버팀목이 돼줄 수 있을지도 모릅니다.

그것은 앞으로 몇 년 후가 될지 알 수 없고 그 정보가 어디서 나올지도 알 수 없습니다. 지금 그 친구한테 끄집어내기는 힘들어 보입니다.

속물근성을 내려놓고
파벌 싸움에서 벗어난다

───────── 여자들의 파벌 싸움이 지겨워요 ─────────

직장, 지역 사회, 아이 친구 엄마 모임 등 주로 여자들이 많은 곳에서 벌어지는 파벌 싸움은 딱 질색입니다. '파벌이라니, 유치하다'고 생각하면서도 따돌림을 당할까 봐 어쩔 수 없이 파벌에 속할 수밖에 없습니다. 여자가 많은 곳에서 벌어지는 파벌 싸움은 어쩔 수 없는 걸까요? 가능하면 중립적인 태도를 취하거나 '나 몰라라' 하고 싶지만 작은 조직에서는 여간 어려운 게 아닙니다.

파벌을 만들어 내 편이 아닌 사람을 소외시키는, 한마디로 '여자들의 세계는 복잡 미묘하다'고 할 수 있습니다.

그렇다고 해서 모든 여자가 그런 것은 아닙니다. 여러 사람의 사정을 헤아리면서 절대 편 가르기를 하지 않는 '어른 여자'도 있습니다.

파벌 문제(무리 지어 다니면서 네 편, 내 편으로 나누는 특징)뿐만 아니라 질투심 많고, 저울질하며, 뒤에서 험담하는 등 이른바 '여자의 못된 심리'를 여기서는 '속물근성'으로 정의하겠습니다.

물론 '속물근성'은 남자들에게도 볼 수 있고, 또 여자라 할지라도 속물근성이 거의 없는 사람도 있습니다.

'속물근성을 가진 여자'를 상대하려면 주의가 필요합니다.

'속물근성을 가진 여자'는 위협에 민감합니다. 사소한 의견 차이에도 '적'이라 간주하고 괴롭히기도 합니다. **자신과 의견이 다르면 자신을 부정했다고 생각합니다.**

편 가르기에 말려들지 않고 평온하게 살기 위해서는 당연히 파벌에 속하지 않으면 좋겠지만, 작은 조직에서는 오히려 파벌에 속하지 않는 것이 눈에 더 잘 띕니다.

편 가르기를 유치하게 생각하는 '의견 차이' 때문에 '적'으로 간주할지도 모릅니다. 편 가르기에 열심인 사람이 보기에는 파벌을 유치하게 생각하는 존재가 위협적이기 때문입니다.

작은 조직에서 소외당하면 무척 괴롭습니다. 거기에서 살아남으려면 두 가지 방법을 생각해볼 수 있습니다.

① 억압이 심하지 않은 파벌에 속한다

하나는 가급적이면 억압이 심하지 않은 파벌에 속해서 파벌 의식을 노골적으로 드러내지 않는 것입니다.

어쩌다 보니 그 파벌의 일원이 되었지만 다른 파벌을 '적'으로 보지 않습니다. 다만 그것을 눈에 띄게 어필하지 않아야 합니다. '배신자'로 낙인찍힐지도 모르기 때문입니다.

그리고 편 가르기에 열심인 사람들을 부정하거나 경멸하지 않도록 의식하는 것입니다.

실제로 '속물근성을 가진 여자'의 언행을 보면 진절머리가 날지 모릅니다. 하지만 이 진절머리가 나는 '속물근성을 가진 여자'의 언행은 불안감과 많은 상처에서 비롯된 결과입니다. 따라서 안심하게 해야 '속물근성을 가진 여자'를 치유할 수 있습니다.

이런 관점으로 대하면 큰 실패는 없을 것입니다.

② '나는 위협하지 않는다'고 어필한다

또 하나는 완전히 중립적인 자세를 취하는 것입니다. 다시 말해 어떤 파벌에도 속하지 않는 것입니다. 이것이 최선이라고 생각하는 사람이 많겠지만, 이 경우에는 약간의 연기가 필요합니다.

여기서 연기란 '난 좀 별종이니까', '난 눈치가 없다는 소리를 자주 들어'처럼 '당신들이 이상한 게 아니라, 이상한 건 나예요'라고 어필하는 것입니다. 중립적인 자세를 취하면 편 가르기를 경멸한다고 오해받을 위험이 있기 때문입니다.

편 가르기를 조장하면서 무리 지어 다니지 않고 오롯이 혼자 행동하는 사람은 진정한 의미에서 어른입니다. '어른 여자'는 미숙한 사람들 눈에는 상당히 위협적인 존재가 되겠지요.

나는 위협적이지 않습니다, 그냥 좀 성격이 별날 뿐입니다, 눈치가 없어서 미안합니다와 같은 자세를 취하면 따돌림을 당할 위험이 줄어들 것입니다.

파벌은 상처 입은 불안한 마음의 집단이다

'속물근성을 가진 여자'는 위협에 민감하다고 앞서 이야기했습니다. 역사를 돌이켜보면 이해하기 쉽습니다.

남성 중심 사회에서는 얼마나 힘이 있는 남자에게 선택을 받느냐에 따라 여성의 입지가 달라졌습니다.

불과 몇십 년 전만 해도 남자는 일, 여자는 결혼이 인생에서 큰 의미를 가졌기 때문에 **어떤 남자한테 선택을 받아 결혼하느냐에 따라 여자의 삶의 질이 달라지기도 했습니다**(지금도 그런 사고방식을 가진 여성이 있습니다).

지금은 예전만큼은 아니지만, 가령 직장에서 고속 승진한 여성은 분명히 실력은 갖추고 있지만 누군가 힘 있는 남자 상사의 총애를 받아 승진하는 사례가 간혹 있습니다.

또한 유명 연예인이 결혼할 때 그 상대가 미움을 받기 쉬운 것은 좀 과장되게 말하면 '내가 아닌 그 사람이 선택받았기 때문'입니다.

'속물근성을 가진 여자'가 위협에 약한 이유는 '내가 선택받지 못하는 건 아닐까' 하는 불안감이 잠재되어 있기 때문입니다.

파벌 속에서는 '우리 중에 무슨 꿍꿍이짓하는 사람은 없겠지?' 하는 압박으로 이어지고 그 자리에 없으면 험담의 대상이 됩니다. 또 파벌끼리는 어느 쪽이 더 힘이 센지 힘겨루기를 합니다.

속물근성을 심하게 드러내는 사람들과의 관계는 전반적으로 성가시지만, '내가 선택을 받지 못하는 건 아닐까'라는 불안감을 안고 있는 사람이라고 보면 다르게 보일 것입니다.

'당신을 위협하는 존재가 아니에요'라는 것을 여러 가지 형태로 전하면 '속물근성을 가진 여자'의 상처는 아물 것입니다.

흔히 '여자의 적은 여자'라고 말하기도 하지만 크게 보면 여성은 '누구에게 선택받느냐로 자신의 가치가 달라지는 운명을 짊어진 피해자'였습니다.

'속물근성을 가진 여자'를 경멸하지 않고, 적대시하지 않으며, 또 내 안에 있는 속물근성을 내려놓고 살아갈 수 있다면, 긴 안목으로 볼 때 '속물근성을 가진 여자'의 치유로 이어질 것입니다.

눈앞의 '속물근성을 가진 여자'와 그 '파벌'에 넌더리가 나는 마음도 이해할 수 있습니다. 하지만 상처 입은 불안한 마음의 집단이라고 생각하면 평가를 내리지 않아도 되고 '나는 다릅니다'라고 어필할 필요도 없거니와 '속물근성을 가진 여자'를 위로하며 살아갈 수 있지 않을까요?

양쪽 파벌에서 미움을 받고 있어요

새로운 직장에서 여자들의 편 가르기가 심합니다. 크게 두 파벌로 나뉘는데, 서로 헐뜯고 나쁜 소문을 내서 직장 분위기가 그야말로 최악입니다. 엮이고 싶지 않아서 슬며시 중립적인 태도를 취했는데 양쪽에서 미운털이 박혀 무시 당하고 있습니다. 한시라도 빨리 사표를 내고 새로운 일자리를 찾아야 할까요? 아니면 지금의 직장에서 뭔가 할 수 있는 일이 있을까요?

'속물근성을 가진 여자'는 내담자의 중립적인 태도에 위협을 느꼈을 것입니다. 자기편이라고 생각했는데 상대측과도 사이좋게 지냈다면 내담자를 '배신자'라고 생각했을 것입니다. 중립적인 태도는 너무 성숙한 태도라서 '속물근성을 가진 여자'에게는 '위협'으로 느껴질 것입니다.

그리고 파벌의 리더가 보기에는 '자신을 존중하지 않는다'고 느꼈을 것입니다. 한마디로 '저 사람은 나를 따르는 줄 알았는데 배신했다'는 것이지요. 앞서 말했듯이 '속물근성을 가진 여자'는 그만큼 위협에 민감합니다.

앞으로 관계를 만회하도록 노력할지, 아니면 이런 문제 많은 직장을 옮길지 결정하는 것은 상황에 따라 달라집니다.

직장에 진정한 의미의 어른으로서 서로 대화할 수 있는 여성이 있나요? 만약 있다면 솔직하게 "인간관계가 서툴러서 우물쭈물하다 보니까 미움을 샀다"고 의논해보세요.

그러면 "우리 쪽으로 들어와요"라는 말을 들을지도 모르는데, 그곳이 드세지 않은 파벌이라면 앞서 말한 두 가지 방법으로 살아남을 수 있을 것입니다.

물론 당장 그만두고 다른 직장으로 옮겨도 됩니다. 하지만 대부분의 직장, 특히 여성이 많은 곳은 비슷한 경향이 있습니다.

이런 이유로 직장을 메뚜기처럼 자꾸 옮겨 다니면 연대감이 부족하고 끈기 없는 사람으로 오해받기 쉽습니다. 직장 분위기 때문에 자신의 평가가 폄하되는 것은 억울한 일입니다. 어느 정도는 체념하고 '속물근성을 가진 여자'가 많은 직장에서 살아남기 위한 지혜라고 생각하는 게 좋습니다.

당연히 심한 괴롭힘을 당하면서까지 참을 필요는 없습니다. 직장은 학교와 달리 이동의 자유가 있으니까요.

한 번 직장을 옮겼는데 뜻밖에 좋은 직장을 만났다면 두말할 나위가 없겠습니다. 전에 다니던 직장이 정말 최악이었다는 뜻이니까요.

실제로 여성이 적거나 직장 내 분위기가 여성 특유의 속물근성을 찾아보기 힘든 직장도 많습니다.

또한 파벌이 있는 직장이라고 해도 그 리더 격인 여성의 성격이 너그럽고 대범하다면 억압도 그리 심하지 않을 것입니다.

안심하게 해서 신뢰를 얻는다

직장을 옮기는 일이 반복되면 스스로 분석해서 작전을 세우는 게 좋습니다. 항상 본인의 어떠한 점이 '속물근성을 가진 여자'에게 위협을 느끼게 했는지 차분히 생각해보세요. 아마도 '파벌을 존중하지 않는다'고 느끼게 해서일 것입니다.

초연한 자세가 어쩌면 '어른 여자'라는 점을 어필하는 것 같아 위협을 주기 쉽습니다. 똑같은 중립적인 자세일지라도 대인관계가 서툴다고 내세우는 것이 훨씬 안전합니다. 다시 말해 "이럴 때는 어떻게 하면 돼요? 가르쳐주세요"라고 항상 상대보다 저자세로 나가는 것입니다.

이렇게 이야기하면 "귀찮아요. 그렇게까지 해야 하나요?"라고 묻는 사람이 많습니다.

그렇게까지 신경을 쓰지 않아도 좋은 직장이 있지만 '속물근성을 가진 여자'들이 많은 직장에서는 확실히 세세한 부분까지 신경을 쓸 필요가 있습니다. 앞서 말한 것처럼 이런 '속물근성을 가진 여자'는 '상처 입은 불안한 마음의 집단'의 사람들이니까요.

꼭 안심할 수 있도록 해주고 인간관계가 힘들다는 고민을 털어놓으면 '나를 의지하는구나' 하고 안심할 가능성이 높습니다.

내 안의 속물근성을 내려놓고 살아가면 '속물근성을 가진 여자'를 상처 입히거나 티격태격할 일이 적어질 테고 삶이 편안해집니다.

위협에 민감한 '속물근성을 가진 여자'는 겉과 속이 같은 사람에게 안심합니다. 그렇게 차곡차곡 신뢰를 쌓아가면 다른 파벌의 사람과 인사를 하고 지내도 전혀 불안해하지 않을 것입니다.

완전히 중립임을 어필하지 않고 실제로 모두와 잘 지낸다는 것은 그런 형태가 아닐까요?

물론 앞서 이야기한 것처럼 너무나 괴롭고 견디기 힘든 직장이라면 이직을 염두에 두는 것이 좋습니다.

50대가 어떻게 일하느냐에 따라 후배들의 미래가 결정된다

젊은 직원들이 멀리해요

50대에 들어서니 직장에서 '이제 나를 필요로 하지 않는다', '젊은 사람들이 내가 빨리 그만두기를 바라는 건 아닐까'라고 느끼는 일이 부쩍 많아졌습니다. 대놓고 싫어하는 것 같지는 않지만 나를 멀리한다고 할까, 경원시한다고 할까⋯. 나라는 존재가 투명인간이 돼가는 느낌입니다.

나이를 먹으면 젊었을 때와 달리 행동도 둔해지고 무슨 말을 들었을 때 한 박자 늦게 반응하거나 기억력이 떨어지고 전반적으로 신체 반응이 느려져서 일도 젊었을 때만큼 빠릿빠릿하게 하지 못합니다.

이는 모든 사람에게 공통되는 이야기입니다.

동년배나 연장자라면 이런 것을 누구보다 잘 알기에 "나이는 못 속이나 봐"라며 따뜻하게 받아주고 웃으며 넘어가겠지요.

하지만 젊은 사람들은 나이를 먹어본 경험이 없기에 어떻게 대해야 할지 모를 것입니다. 즉, 젊은 사람들은 몸소 체험하지 않았기에 나이가 많은 사람에 대해 잘 모릅니다.

나이를 먹으면 물론 개인차는 있지만 행동이나 반응이 떨어지기 마련입니다. 누구나 겪는 자연스러운 일입니다.

과연 우리 사회가 젊은 사람들 중심으로만 돌아가는 것이 좋을까요? 절대로 그렇지 않습니다.

연장자는 능력이 떨어진다고 생각할지도 모르지만 연장자가 그동안 살아온 세월은 돈으로 살 수 없는 것입니다. 당연히 업무상 경험도 풍부하고, 이는 젊은 사람들에게 훌륭한 자양분이 되어 줄 것입니다.

젊을 때는 사람을 '좋은 사람, 나쁜 사람'으로만 구분할 줄 알았지만, 연장자는 사람을 그렇게 무 자르듯이 딱 잘라 구분할 수 없다는 것을 알고 있습니다. 마음으로는 좋은 사람으로 있고 싶지만 피치 못할 사정으로 세상사가 마음처럼 되지 않을 때가 있다는 것을 잘 알고 있습니다.

젊어서부터 수행을 한다면 특별한 깨달음을 얻을 수 있겠지만 대부분의 사람은 그렇지 않기 때문에 일반적으로는 나이를 먹으면서 가슴속 깊이 깨닫게 됩니다.

'나를 필요로 하지 않는 것은 아닐까'라고 생각하면 정말 실제로 그렇게 됩니다.

나이가 든 사람이 '어차피 내가 뭐'라고 생각하며 될 대로 되라는 태도로 일하면 젊은 사람들은 '연장자는 일에 대한 동기부여가 부족하다', '어차피 정년이나 연금을 기다리고 있겠지', '저런 사람과 같이 일하고 싶지 않다' 등으로 판단해서 쉽게 마음을 열지 못할 것입니다.

반복해서 말하지만, 젊은 사람들은 나이를 먹어본 경험이 없습니다. 될 대로 되라는 태도의 이면에는 실은 '나를 의지해'라는 굴절된 심리가 숨겨져 있다는 것을 눈치 채지 못합니다.

눈앞의 일에 집중한다

나이를 먹더라도 젊은 사람들과 잘 지내려면 어떻게 해야 할까요?

결과적으로 아주 조금만이라도 '자신을 필요로 하고 있다'는 것을 알면, 마음가짐이 사뭇 달라집니다. 그리고 **자신의 평판에 대해 전전긍긍하지 않는 것이 포인트입니다.**

나이가 몇 살이든 본인이 담당하는 일이 있습니다. 일에 집중하는 동안은 나이를 머리에서 말끔히 지워야 합니다. 집중해서 일에 몰입하면 성과가 좋을 테고 성취감도 느낄 수 있습니다. **집중해서 일하는 모습은 젊은 사람들에게 좋은 인상을 줍니다.**

나이가 많아서 물리적으로 힘들어진 영역이 있으면 직장 상사에게 조언을 구해보세요.

가급적이면 상사와 상담하기 전에 해결해야 할 일이나 주고받을 말, 그 결과를 예상해서 자신의 마음을 노트에 적어보세요.

노트에 적다 보면 '이것은 젊은 사람들이 나이 먹은 사람을 그저 걸리적거리는 사람으로만 취급하는 거네. 내가 일은 더 확실히 잘하는데', '혹시 젊은 사람들이 나를 너무 신경 쓰는 것은 아닐까? 나이가 많다고 마음 쓰지 말고 계속 일을 맡겼으면 좋겠다' 등 깨닫는 것이 많을 것입니다.

그 깨달음을 젊은 사람들과 이야기하고 계속 개선해나가세요. 말할 때는 **아무쪼록 거만해 보이지 않도록 해야 합니다.**

연장자가 아는 것은 더 많을지 모르지만 체력은 당해내지 못합니다. 따라서 "나는 기억력에 자신이 없으니까 누가 좀 맡아서 확인해주지 않을래요? 대신 다른 일을 하고 싶습니다" 등 저자세로 나가는 편이 좋습니다. "일은 좀 느리지만 맡은 일은 완벽하게 할 자신이 있습니다"라는 식으로 말해도 좋고요.

물론 이런 대응이 선입견에 따른 부분도 있습니다. 스스로 나이가 많아서 직장에서 민폐만 끼친다고 생각하면 상대는 아무 생각 없이 한 행동인데도 "너무 방해만 된다. 늙은이니까 빨리 그만둬라"라고 말하는 것처럼 보일지 모릅니다.

그러므로 노트에 적을 때는 '누가 무엇을 했다, 말했다'는 계기가 되니까 꼭 쓰세요.

당당하게 일한다

직종이나 사람의 특성에 따라 몇 살까지 일할 수 있을지는 한마디로 뭉뚱그려서 말할 수 없습니다.

현재 기준이 되는 것은 연금을 수령하는 나이가 되겠지요(대략 60세 이후). 그보다 젊은 사람은 '일을 해서 돈을 벌라'는 것이므로 말 그대로 당당하게 일하면 됩니다. 여러 가지 결점이나 어려움을 겪는 사람을 다각도로 생각해서 고용하고 있는 직장이 있습니다. 중장년층의 일자리처럼 일반적인 테마라면 더욱더 모색할 수 있는 분야가 늘어날 것입니다.

잊지 말아야 할 점은 현재의 자신이 후배의 미래를 결정한다는 사실입니다.

'나이가 많다고 일을 그만둔 사람이 있다'는 사실은 '그것이 당연하다'는 분위기를 조성하고 일하는 사람들에게 '50이 넘으면 일을 그만둬야 하나'라는 마음을 은연중에 갖게 합니다.

그렇게 되면 단지 한 사람의 피해라고 할 수 없게 됩니다.

'나이 때문에 기억력에 자신이 없으니 그때그때 메모를 하겠다'와 같이 일을 잘할 수 있도록 다각적으로 연구해보세요. 그리고 어깨를 펴고 당당하게 일하세요. 시력이 나쁜 사람이 안경을 끼는 것과 같은 이치입니다.

당당하고 담대하게 행동하면 그런 모습이 후배들에게 용기를 북돋아줄 것입니다.

직장에서 50대에게 바라는 점이 궁금해요

우연히 점심시간에 젊은 사람들이 잡담하는 소리를 들었습니다. "월급은 많이 받으면서 젊은 사람의 절반도 성과를 올리지 못한다", "50대 한 명의 월급으로 젊은 사람 두 명을 고용할 수 있다", "옛날에는 이랬는데… 하며 말만 하지 말고 먼저 실천해라" 등의 이야기를 듣고 찔리는 데가 있어 더는 가만히 있을 수 없었습니다. 지금껏 잘 되라고 생각해서 젊은 사람들에게 이것저것 조언하곤 했는데 그것도 아차 싶습니다. 대체 직장에서 50대에게 바라는 것은 무엇일까요?

이런 말을 들으면 괴롭습니다.

하지만 50대는 50대가 할 수 있는 역할이 있습니다.

뭣도 모르고 기를 쓰며 노력하는, 체력만은 자신 있는 20대. 세상 돌아가는 이치를 좀 알고 보람을 느끼는 30대. 중간관리자 역할(젊은 사원들을 지원하고, 상사의 말을 젊은 사원들이 잘 따르도록 이끌어줍니다)을 하는 40대. 그렇다면 50대는 어떨까요?

어쨌든 덮어놓고 달려드는 20대에 비해 50대가 하는 일의 '성과'는 다릅니다.

양으로 따지면 젊은 사람이 훨씬 많겠지요. 하지만 똑같은 상황에 직면했을 때 한 가지 방법밖에 모르는 20대와 다방면으로 핵심을 공략하는 방법을 알고 있는 50대는 차원이 다릅니다.

상대의 입장에서도 20대가 이런저런 말을 하면 '젊은 놈에게 바보 취급을 당했다'고 오해를 불러일으킬 수 있지만, 50대가 대응하면 '어느 정도 관록이 있는 사람'을 내보냈다고 생각할 것입니다.

다만, 주의할 것은 '잘 되라고 생각해서' 젊은 사람들에게 조언하는 것입니다. 어떻게 해야 잘 되는 것인지는 사실 본인밖에 모릅니다. 사람은 저마다 나름의 사정이 있어서 **어떤 사람에게 잘 되는 일이라고 다른 사람에게도 잘 되는 일은 아닙니다.**

'잘 되라고 생각해서'는 그런 의미에서 자신과 상대를 혼동하는 것입니다. 경우에 따라서는 상대의 인격을 부정하는 것이 될지도 모릅니다.

이를테면 휴대폰만 붙들고 사는 젊은 사람에게 뭔가 말하고 싶을 때가 있습니다. 그럴 때는 '대화'로 풀면 좋습니다. "딱히 나쁜 뜻이 있는 건 아니야. 그냥 물어보는 건데, 자네는 휴대폰이

랑 일을 어떤 식으로 분리하고 있나?"라고 물어봐도 좋습니다.

젊은 사람들을 자유롭게 일할 수 있게 해준다

직장에서 50대에게 바라는 것은 오랜 업무 경험을 통해 20대가 모르는 것을 알려주고 **어깨너머로 배우게 하는 것**이겠지요.

다시 말하지만 체력은 20대가 절정이고 나이를 먹을수록 차츰 떨어집니다. 또 노안도 진행됩니다. 건망증은 사람에 따라 정도가 다르지만 젊었을 때만큼 **빠릿빠릿하게** 머리가 돌아가지 않는 것은 분명합니다.

하지만 50대이기 때문에 잘할 수 있는 일이 있습니다. 그것은 지금까지 세월을 보내며 차곡차곡 쌓아온 신뢰관계에 따른 것일지도 모릅니다. 또는 처음 만나는 상대라도 일해온 경력을 들으면 감탄하고 신뢰할지도 모릅니다.

또한 '앞으로 얼마나 일을 할 수 있을까?'라는 관점에서 일을 파악하는 만큼, 투지 넘치는 20대와는 다른 점이 있습니다. 시간이 조금밖에 남지 않았을 경우에 어영부영 시간만 때우며 일을 하는 사람도 있지만, 대다수는 일분일초를 소중히 하면서 일할 것입니다.

물론 개인차는 크겠지만 '일 잘하고 은퇴하기에는 아직 이른' 50대에게 바라는 것은, 젊은 사람들을 자유롭게 일할 수 있게 해주는 것입니다.

젊은 사람과 비교하면서 기죽지 말고, 젊은 사람들을 성장시키는 것, 아울러 그 '젊은 사람들'에게 50대의 일하는 방식을 보여주는 것입니다.

억지로 강요하는 사람에게는
'마음의 경계선'을 긋는다

———— 억지로 강요하는 사람 때문에 난감해요 ————

자신의 방식이나 생각을 강요하는 사람, 원하지 않는 조언을 해대는 사람을
만났을 때 어떻게 대처하면 나도 상대도 기분 좋게 지낼 수 있을까요?

인간관계는 인생을 풍요롭게 해주는 동시에 많은 고민거리를 안겨줍니다. 가장 많이 고민하게 되는 것 중 하나가 '억지로 강요하는 사람'에 대한 문제입니다. 이들은 사정도 잘 모르면서 멋대로 단정 짓거나 자신의 가치관과 방식을 억지로 강요하는데, 대부분 '잘 되라고 생각해서' 하는 것이기 때문에 대처하기가 어렵습니다.

사람은 저마다의 사정이 있고 그것은 본인밖에 알 수 없습니다. 때로는 본인조차도 모르고 있다가 치료 현장에서 "내 속마음은 그런 거였군요"라며 억눌려온 감정을 그제야 깨닫는 사람도 있습니다.

어찌 됐든 제대로 된 전문가도 아닌 타인이 저마다 다른 사람의 사정을 이해하는 일은 불가능에 가깝습니다.

이쪽의 사정을 잘 알지도 못하면서 지극히 적은 정보량으로 자신의 생각을 밀어붙이는 것은 폭력이나 다름없습니다.

이것은 불법 침입을 당했는데 설상가상으로 얻어맞기까지 한 것과 같은 이야기입니다.

그런 사람에게는 화가 나기도 하고 한편으로는 왠지 하는 말을 들어야 할 것 같다는 생각이 들기도 합니다. 불쾌감을 느끼면서도 미움받고 싶지 않은 마음 때문에 상대에게 맹종하는 일이 많습니다.

왜 상대는 그렇게 행동하는 것일까요? 몇 가지 이유를 생각해볼 수 있지만 뭉뚱그려서 말할 수 있는 것은 '지금 이 상태로는 불쾌하다'고 생각하는 것입니다.

당연히 "당신을 위해서"라고 말하겠지만, 사람은 저마다의 과정을 겪으며 인생을 걸어가기 때문에 "당신을 위해서"라고 강조하더라도 의미가 있기는커녕 강권하는 듯한 모양새가 됩니다. 그리고 강권했다는 것을 눈치 채지 못하는 것이 지금 문제가 되고 있는 사람들입니다.

그런 사람들에게는 솔직하게 "멋대로 단정 짓지 마세요", "억지로 강요하는 것은 민폐입니다" 등과 같이 대놓고 'NO'라고 말하지 않아야 합니다. 당연히 감정을 상하게 할 수 있습니다.

그것을 알기 때문에 '잘 알지 못하면서 멋대로 단정해버리면 어떡하지' 하는 고민이 생기는 것입니다.

스스로 마음의 경계선을 긋는다

먼저 머릿속부터 정리해보세요.

앞서 사람들은 저마다의 사정이 있다고 이야기했지만, 상대가 그것을 침범하려고 하면 스스로 '영역 의식'을 가질 필요가 있습니다. 어디부터 어디까지가 자신의 문제이고, 어디가 상대의 문제인지를 판별해야 합니다.

아무리 말로는 "당신을 위해서"라고 해도 '본래 알 리가 없는 내 영역에 발을 들여놓은 것은 상대의 문제'라는 것을 알 수 있습니다.

상대에게 문제가 있다는 것은 이미 알고 있겠지만, 여기서 문제란 사람과 사람 사이의 경계선을 똑바로 긋지 못한 것을 말합니다.

다만 마음의 영역인 경우, 경계선은 자신이 하기에 따라 지켜 낼 수 있습니다. 상대가 아무리 서슴없이 발을 들여놓더라도 스스로 마음의 경계선을 긋습니다.

그러기 위해서는 상대가 나에 관해 이야기하는 것이 아니라 그저 본인의 이야기를 떠들고 있을 뿐이라고 생각할 필요가 있습니다.

나 나름대로 열심히 살고 있고 지금 잘하지 못하고 있는 데는 다 사정이 있습니다. 그것을 깡그리 무시하고 일방적으로 단정 짓거나 조언을 하는 사람은 단지 자신의 세계에서 혼잣말하고 있는 사람일 뿐입니다.

마음이 너그럽지 못해서 이쪽의 현재 상황이 뭔가 마음에 들지 않는 것일지도 모릅니다. 또는 항상 '나만 옳다. 뭐든지 다 안다'고 뽐내고 싶은 사람일지도 모르고요.

그러니까 '아, 상대는 상대의 영역 안에서 혼자 중얼거리고 있구나'라고만 생각하면 됩니다.

위로하는 마음으로 미안하다고 말한다

그럼에도 상대가 나와 관계를 맺으려고 한 것은 사실입니다. 마음이 너그럽지 못한 상대가 눈앞의 일을 받아들이지 못해 비명을 지르고 있다면 조금은 친절하게 대해줘도 좋습니다. "베풀어주신 친절은 정말 감사합니다. 생각해보겠습니다"라고 공손하게 말하고 그 자리를 벗어나면 됩니다.

이를테면 상대가 나에게 뭔가 일을 억지로 강요하려고 하는데 당장 응할 수 없을 때는 "지금 ○○를 급하게 하고 있는데 어느 쪽을 우선하는 게 좋을까요?"라고 한마디라도 물어보면 분위기가 사뭇 달라질 것입니다. 귀찮아하지 말고 의사소통을 하는 것이 좋습니다.

그리고 제대로 위로하는 마음으로 미안하다고 말하는 것입니다. 이것은 사죄의 미안하다와는 다릅니다. 나에게 아무리 이유가 있다고 하더라도 상대의 입장에서는 기대했다가 배신을 당한 것이나 마찬가지이기 때문에 상대의 마음속 상처를 위로해주는 것입니다.

'과연' 하고 수긍할 때까지 이야기를 듣는다

이번에는 입장을 뒤집어서 내가 상대에게 뭔가를 부탁하거나 조언할 때 어떻게 하면 좋을지 생각해보겠습니다.

지금까지 말한 내용의 복습이 되지만 **상대의 영역에 성큼성큼 발을 들여놓으면 안 됩니다.**

그러기 위해서는 먼저 **상대방의 말에 귀를 기울여보세요.** 조언에 앞서 상대가 무엇을 힘들어하는지, 어떤 노력과 고생을 해왔는지를 경청합니다. 그냥 조언을 하면 '그걸 할 수 있었다면 벌써 했지', '그건 진즉에 해봤어' 같은 절망적인 반감만 돌아올지도 모릅니다.

상대가 길을 빙 돌아서 가는 것처럼 보이면 어떤 이유로 지금의 길을 택했는지, 열린 마음으로 들어보세요. 자칫 '이 사람은 내가 하는 방식이 마음에 들지 않는구나'라는 인상을 풍기게 되면 제대로 대답해주지 않을지도 모릅니다.

상대가 어떤 마음을 담아서 하고 있는지 알게 되면 일단 그것을 긍정한 다음에 "그렇다면 거기에 ○○를 보태면 어떨까요?"와 같은 조언을 할 수 있겠지요. '과연' 하고 수긍할 때까지 이야기를 들어보지 않으면 어떤 조언을 해도 (그것이 적확한 조언일지라도) 상대의 현재 상황을 부정하는 것이 됩니다. '지금 당신은 형편없으니까 이런 식으로 하는 게 어때?'라는 의미로 받아들일 여지가 있습니다.

또한 뭔가 부탁을 할 때 앞서 말한 것과 반대의 패턴으로 해도 좋습니다. "일을 부탁하고 싶은데 지금 어때요?"라고 먼저 물어봄으로써 상대를 한 사람의 인격체로 존중하는 것입니다.

그리고 언제까지라는 기한을 분명히 하고 상대가 어렵다고 하면 그 이유를 찬찬히 들은 다음에 어떻게 머리를 쓰면 할 수 있을지를 서로 의논해보면 어떨까요?

그렇다면 일을 억지로 강요하는 것이 아닌 서로 머리를 맞대고 연구한 협동 작업이 됩니다.

남편의 살림 솜씨가 형편없어요

정년 후에 남편은 무슨 생각을 했는지 지금껏 거들떠보지도 않던 집안일과

요리를 시작했습니다. 고마운 일이지만 아직 집안일이 서투르다 보니 나도

모르게 말참견을 하고 맙니다. 옆에서 한 소리 하면 남편은 토라져서 시무룩

해집니다. 그러면 자연히 그날의 분위기도 엉망이 됩니다.

집안일에 익숙한 주부가 보기에는 살림 초보인 남편이 요령
도 없고 보고만 있어도 가슴이 조마조마해서 고민이 되는 것
도 이해가 갑니다.

그러나 시점을 '집안일의 효율성'에서 '남편'으로 돌려보세요.

평생을 직장에서 일만 하던 사람이 정년퇴직을 하는 것은 엄
청나게 큰 변화입니다. 생활 전반이 백팔십도로 바뀌었고, 나
름 사회적으로 지위가 있었던 사람이 그저 할 일 없는 한 사람
이 되어버렸으니까요.

사람에 따라 자신의 존재 가치를 잃고 우울증에 걸릴지도 모
릅니다.

칭찬으로 성장을 이끌어낸다

인생의 큰 변화를 슬기롭게 극복하는 요령에 대해 이야기하겠습니다.

먼저 주변에서 지지해주는 것입니다. "당신이 집에 있어줘서 다행이에요", "그동안 수고 많았어요" 정도는 말해주는 것이 좋습니다. 또한 "지금까지 회사에서 일만 했던 때와 생활이 많이 달라져서 힘들죠" 같은 말을 해도 좋습니다.

외출을 권하거나 지역 행사에 같이 참가하는 것도 좋습니다. 남자는 과제 달성형인 사람이 많아서 뭔가 '해야 할 일'이 있으면 사뭇 달라집니다.

이번 사례에서 남편은 '해야 할 일'을 집안일로 정한 것이 아닐까요? 아무 일도 하지 않고 하루 종일 방 안에만 틀어박혀 있는 사람도 있는데, 이번 사례의 남편은 상당히 긍정적인 전개입니다. '해야 할 일'을 찾지 못해 온종일 방 안에 틀어박혀 지내다가 우울증에 걸리는 사람도 있으니까요.

그렇다면 효율성이 떨어진다고 해도 집안일을 하도록 내버려두는 것이 좋습니다.

대체로 남자는 칭찬받는 것을 좋아하고 비난받는 것을 못 견뎌 합니다. 따라서 "고맙다"는 말을 가능한 한 많이 해주고, 그럴싸해 보이는 음식을 만들었을 때는 "맛있다"고 칭찬해주는 것이 좋습니다.

자꾸 잘못을 지적하면 남자는 특히 의기소침해집니다. 아내는 그냥 집안일 하는 순서를 "조금만 더 신경 써서 하면 잘할 수 있을 거예요"라고 말했을 뿐인데 남편은 '이렇게 열심히 했는데 비난을 받았다'고 느낍니다. 토라져서 시무룩해지는 것은 말 그대로 의기소침해진 증거입니다.

아장아장 걷기 시작한 아기를 지켜보듯이 아직 서툴기만 한 집안일을 따뜻한 시선으로 지켜봐주세요. 조금이라도 잘하면 "당신이 이런 것까지 할 줄은 몰랐어요. 역시 당신이에요. 멋져요" 하고 듬뿍 칭찬해주세요.

집안일에 관해서는 아내와 남편이 대학생과 유치원생 정도의 차이가 난다고 생각하면 됩니다. **남편의 자존심에 상처가 나지 않도록 칭찬으로 성장을 이끌어내면** 결국에는 모두 만족하는 결과를 얻게 될 것입니다.

바라는 것을 말한다

변화 과정에서 한 가지 더 중요한 것은 '스스로 컨트롤할 수 있는 것'입니다.

여러 가지 변화에 휩쓸릴 것 같을 때 '그래도 내게는 이것이 있다'라고 하는 것이 있으면 완전히 달라집니다.

물론 친구와 놀러 다니는 것도 좋지만, 정년퇴직한 남자들은 대체로 집을 중심으로 생활합니다. 그래서 '당신이 없으면 안 돼요'라는 분위기를 조성하는 것이 매우 좋습니다.

매실청을 만드는 일이나 주부가 바빠서 손이 못 미치는, 좀 특별한 집안일을 해달라고 부탁해보는 것이 좋습니다.

이때 "난 솜씨가 없어서 이런 거 잘 못해요. 당신은 잘하잖아요. 부탁해요"라고 말해보세요. "저거 좀 해요", "이거 좀 해요"처럼 지시하거나 명령하는 말투가 아니라면(즉, "저거 좀 부탁해요", "이거 좀 부탁해요"라고 말하면) 남편은 흔쾌히 들어줄 것입니다.

그런 식으로 부부관계를 다시 돌아보면 어떨까요? 아내 본인도 자유롭게 보낼 수 있는 시간이 늘어날 것입니다.

떠밀리다시피 중책을 맡았어요

다양한 사람들과 교류하고 싶어서 참가한 어느 연구회에서 리더 격인 사람이 훈계하듯이 "앞으로는 적극적으로 사세요"라고 말하면서 연구회를 운영하는 중책을 떠맡겼습니다. 단박에 거절했어야 했는데 하는 마음과 이것도 하나의 경험이 될 테니까 괜찮을지 모른다는 두 가지 마음이 오락가락해서 몹시 고민입니다.

이번 고민은 예상치 못한 순간에 예상치 못한 형태로 연구회 운영이라는 막중한 일을 떠맡게 된 것이 원인이군요.

'거절했어야 마땅했다'는 생각은 엉겁결에 맡아버린 자신을 책망하는 마음에서 비롯된 것입니다.

새로운 환경에서 리더 격인 사람이 훈계하듯 억지로 일을 떠맡으면 거절하기란 쉽지 않습니다. 지금이니까 '거절했어야 마땅했다'고 생각하지만 그 자리에서는 그런 여유가 없었을 것입니다.

'만약 또다시 똑같은 상황이 생긴다면'이라는 전제에서 그 다음을 이야기하겠습니다. 우선 '거절하는 선택지는 없다'고 스스로 마음을 가라앉히고 나서 시작하는 것이 좋겠습니다.

전반적으로 새로운 환경에서 어떤 결단을 할 때는 그곳이 어떤 환경인지 잘 알아보고 나서 해야 합니다. 특히 어떤 역할을 맡을 때는 조언을 해줄 사람은 있는지, 고충을 들어줄 사람은 있는지 등의 환경이 중요합니다.

이번에는 이미 하기로 했으니까 '하나의 경험이 될 것'이라는 생각으로 적극적으로 임하는 수밖에 없습니다. 아직 생소한 환경이고 처음 하는 경험인 만큼 **가능한 한 여러 사람과 상의하면서 하는 것이 좋습니다.** '여러 사람'과 상의하라고 한 이유는 아직 누구를 믿고 의지하면 좋을지 모르는 환경이므로, 누군가를 자기 판단으로 택하지 않도록, 가급적이면 공평하게 도움을 받아야 균형을 잘 이룰 수 있다고 생각하기 때문입니다.

전체적으로 자기 판단으로 일을 처리한다는 인상을 풍기면 발목을 잡힐 가능성이 있습니다. 거기에 '본인의 의사'가 감지되면 대개는 부정적으로 반응하기 쉽습니다. 어떤 집단인지 아직 잘 모르므로 가급적이면 안전하게 해두는 것이 좋습니다.

이런저런 뒷말이 나돌면 "미안합니다. 아직 잘 몰라서요", "신입입니다. 알려주세요"라는 태도를 일관되게 보이면 뒤탈이 없을 것입니다.

남의 인생에 대해 오지랖 넓게 "앞으로는 이렇게 살아라"라고 거만한 태도로 말하는 사람은 '나는 누구보다도 잘 알고 있다', '나는 다른 사람보다 특별하다'고 생각하는 사람인 경우가 많습니다. 사사건건 꼬투리를 잡고 억지로 시키거나 마음껏 부려먹을 가능성이 있습니다. 앞으로 그 사람을 대할 때는 주의하는 것이 좋겠습니다.

한편 거절할 때는 "나는 하고 싶지 않습니다"라고 말하면 그런 성향의 사람들에게 괜한 원한을 살 가능성이 있습니다. '나는 누구보다도 잘 알고 있다', '나는 다른 사람보다 특별하다'고 생각하는 사람을 부정하는 셈이 되니까요.

그럴 때는 "정말 하고 싶은데 집안에 사정이 있어서…", "꼭 맡고 싶지만 건강이 좀 안 좋아서요" 등과 같이 사실은 당신의 말이 백 번 천 번 옳다고 생각하지만 나한테 곤란한 사정이 있어서 맡을 수가 없다고, 한발 뒤로 물러서는 말투로 말하는 것이 좋습니다.

화는 참지 말고 표현한다

나이를 먹을수록 사소한 일로 짜증을 내거나 벌컥 화를 내는 일이 잦아졌습니다. 이러한 나 자신과 앞으로 어떻게 하면 잘 지낼 수 있을까요? 또 주위 사람과 어떻게 어울리면 좋을까요?

나이를 먹을수록 사람은 성격이 둥글둥글해지고 마음이 넓어진다는 이미지를 왠지 모르게 갖고 있습니다.

인생 경험을 쌓으면 여러 사람의 사정을 헤아리게 되고, 자신의 일방적인 생각을 강요하지 않게 됩니다. 또 실제로 성격이 둥글둥글해지고 관대해진 고령자를 많이 볼 수 있습니다.

젊은 시절에 비하면 일이나 자녀 양육 등 사회적인 책임이 확 줄어들어서 여유롭게 지낼 수 있을 것이라는 이미지도 있습니다.

반면 젊을 때보다도 쉽게 짜증을 내는 사람을 심심찮게 볼 수 있습니다(인격이 전부 그렇다는 말이 아니라 어느 특정 장면에서 의외로 자주 볼 수 있습니다).

물론 뇌혈관 장애 등의 질병이 있는 사람도 있겠지만 그것이 아니라도 **젊은 시절보다 체력이 쇠약해진 만큼 참고 견디는 에너지가 줄었다**고 말할 수 있습니다.

이와 비슷한 것이 우울증에 걸렸을 때 일어납니다. 우울증이라고 하면 맥없이 기운이 빠져 있는 이미지가 있고 실제로 그런 사람이 많은데, 너무 눈에 확 띌 정도로 짜증을 내는 사람도 있습니다. 이것도 흔들리는 감정을 제어할 에너지가 줄었기 때문이라고 말할 수 있습니다.

자신의 노후 모습에 얽매이지 않는다

나이를 먹을수록 사회적 책임에서 벗어나 느긋하게 기다릴 줄 아는 사람이 있는 반면, 갈수록 성미가 급해지는 사람이 있습니다.

아마 한 가지 일을 너무 신경 쓰기 때문일 것입니다. '젊은 사람들은 이것저것 신경 쓸 일이 많아 바로바로 요구에 부응하지 못한다'는 생각이 쏙 사라지겠지요. 자신이 신경을 쓰고 있는 일에 대한 반응이 좋지 않으면 그 간극에서 쉬이 초조해지는 것입니다.

젊었을 때는 잘했는데 나이를 먹을수록 점점 못하게 되고 그러면서 느끼는 초조함과 불안감은 무시할 수 없습니다. '마음에 걸리는 일은 한시라도 빨리 해결해야지!' 하고 조바심을 내는 것도 이해할 수 있습니다.

또한 '노인을 공경하자'는 유교 문화 속에서 여러모로 고생하고 살아온 만큼 요즘 젊은이들에 대한 기대치가 높아진 것일지도 모릅니다.

"요즘 젊은이들은…"이라고 혀를 끌끌 차는 것도 일종의 그런 의미겠지요. 내가 젊었을 때는 그렇지 않았다, 그래서 더욱 용납하지 못하겠다고 생각하기도 합니다.

자세히 보면 상대는 단순히 여유가 없거나 무례하게 보여도 성실하게 일하는 경우가 많습니다. 자신이 생각하는 '노인을 공경하자'의 이미지에 얽매이다 보면 상대의 노력이 보이지 않게 됩니다.

짜증이 일고 조바심이 날 때는 상대의 말을 경청한다

이러한 나 자신과 어떻게 하면 잘 지낼 수 있을까요? 또한 타인과 어떻게 관계를 맺어야 할까요?

우선은 시대와 사회가 변했다는 사실을 인식해야 합니다. 확실히 옛날이 '노인을 공경하자', '예의 바르게 하자' 등과 같이 규율은 엄격했겠지만, 요즘 세상을 살아가는 것도 굉장히 힘듭니다.

옛날에는 직접 알고 지내는 사람들 사이에서 평판이 좋으면 그만이었고, '좋은 것'과 '나쁜 것'의 구별이 확실했습니다. 또 사람과 사람 사이의 관계는 대면이나 기껏해야 편지 정도였지요.

하지만 요즘 세상을 살아가는 사람들(특히 젊은이들)은 인터넷이나 휴대폰 때문에 옛날 같았으면 신경을 쓰지 않아도 될 일에 신경을 많이 쓰고 있습니다. 그만큼 사회가 복잡해진 것이지요. 신경을 써야 할 일이 많아지면서 고민하거나 힘들어서 지치기도 합니다.

짜증이 일고 조바심이 날 때는 '상대가 왜 이런 행동을 하는지 이야기를 들어보자'라는 자세를 가지면 매우 좋습니다.

분노는 '내가 상대에게 바라는 기대치'와 '실제 상대의 모습'이 어긋날 때 일어납니다. 상대와 대화를 해보면 자신의 기대가 지금 시대에 어울리지 않는 해묵은 생각이라는 것을 깨달을지 모릅니다.

그럴 때 물론 젊은 사람에게 아첨할 필요는 없습니다. "흠, 지금 힘들겠다. 내가 젊었을 때는 시어머니가 굉장히 깐깐했지. 휴대폰 같은 것도 없었고 말이야"와 같은 대화를 통해 누구나 저마다의 입장이 있다는 것을 서로 인식하게 되면 좋을 것입니다.

이런 대화를 하다 보면 어느새 조바심이 사라질 것입니다.

서로 푸념을 늘어놓는 것도 하나의 방법이다

툭하면 안달복달하며 조바심을 내는 노인 중에는 두뇌 회전이 빠르고 요령이 좋은 사람이 있습니다. 그런 사람은 기나긴 인생 경험 속에서 정신적 '단사리(불필요한 것을 끊고斷, 버리고捨, 집착에서 벗어나는離 것을 지향하는 삶의 방식)'를 행해온 것이겠지요. 쓸데없는 일에 신경 쓰지 않고 어쨌든 '해야 할 일을 빨리 하자'는 생각입니다.

하지만 대부분의 사람, 특히 젊은 사람들은 쓸데없는 일(본인 입장에서는 쓸데없지 않은 일)을 신경 쓰기 때문에 '말이야 쉽지'라는 기분이 듭니다.

이런 차이가 짜증을 불러오고 관계성을 나쁘게 합니다.

젊은 사람들에게 "왜 이거 안 해?", "이런 일에 신경 써봤자 아무 소용없잖아?"라는 말을 연거푸 쏟아내면 질색을 하는 경우가 많습니다.

따라서 일방적인 의견만 말하지 말고 젊은 사람이 무슨 생각을 하고 있는지 경청하는 자세가 무척 중요합니다.

"내 나름대로 생각해서 하는 것이니까 자꾸 그렇게 잔소리하듯이 말하지 마세요"라는 말을 들으면 퍼뜩 정신이 들 것입니다. 그래도 어디까지나 연장자이기 때문입니다.

또한 자신이 걸핏하면 화를 잘 낸다는 사실을 충분히 자각하고 있다는 것을 상대에게 전하면 분위기가 한층 좋아질 것입니다.

이를테면 "나이를 먹으면 체력뿐만 아니라 참을성도 줄어드는 모양이야. 미안해요. 좀 참고 지켜봐줘요"라고 말한다면 자신의 짜증과 조바심 때문에 심각한 사태로 발전하는 일은 피할 수 있을 것입니다.

동년배와 서로 푸념을 늘어놓는 것도 좋은 방법입니다. 자신과 똑같이 화를 자주 내는 사람이 있다면 "요즘 젊은 사람들도 너무하지만 우리는 딱히 바쁜 일도 없으면서 왜 이토록 안달복달하며 조바심을 낼까" 하고 서로 웃고 넘어갈 수 있습니다.

마음에 담아두지 말고 표현하는 것, 이것이 안전하게 살아가기 위한 비결입니다.

이번 고민은?

짜증과 분노가 가라앉지 않아요

며칠 전에 전철에서 가방을 부딪쳤는데 그만 울컥 화가 치밀어서 상대를 째려보다가 말다툼이 일어났습니다. 또 언젠가는 편의점 점원의 태도가 영 불량스러워서 나도 모르게 언성을 높이고 말았지요. 화가 좀처럼 사라지지 않고 자꾸 생각이 나서 며칠 동안 기분이 안 좋았습니다. 가족도 내가 걸핏하면 화를 낸다고 생각하는 모양입니다. 예전에는 그러지 않았는데, 이러다가 심각한 문제에 말려들지 않을까 걱정입니다.

161

이번 고민 사례는 앞서 말한 '요즘 젊은이들은'과 같은 패턴이 아닐까요?

내가 젊었을 때는 연배가 있어 보이는 사람과 가방을 부딪치면 죄송스러운 마음에 얼른 사과했고, 손님을 접대하는 태도도 훨씬 예의가 발랐는데 요즘 젊은이들은…, 하는 식으로 자꾸 생각할수록 짜증이 심해집니다.

또한 노인 공경 의식이 희미해진 요즘 사회에서는 노인을 불쾌하게 해놓고도 '늙은이 주제에 뭐야', '사회에 아무 도움도 안 되는 주제에' 같은 분위기를 자아낼지도 모릅니다.

전철이나 편의점에서 짜증을 내고 그 자리를 벗어난 뒤에도 머릿속에서 '정말로 요즘 젊은이들은…'이라는 생각을 계속하면 짜증이 나는 마음이 오래가서 며칠이 지나도 기분이 나쁠 것입니다.

지금의 감정을 인정해준다

이럴 때는 감정을 억누르지 말고 인정하는 것이 편합니다. 가족에게 "실은 오늘 이런 일이 있었어"라고 이야기합니다.

"화가 나는 마음도 알겠는데 요즘 젊은 사람들은 원래 그래요"

라는 말을 들으면 감정이 조금씩 가라앉을 것입니다. 아니면 동년배 친구에게 "실은 말이야" 하고 이야기하는 것도 좋습니다.

"가방이 부딪쳐봤자 뼈가 부러지는 것도 아닌데. 다만 내가 젊었을 때만 해도 나이 든 사람한테 그렇게 하면 몸 둘 바를 몰라 했던 생각이 나서 그랬지", "생각해보면 우리가 젊었을 때는 편의점이 없었네. 점원의 태도에 관해 무슨 말을 할 입장이 아닌데 말이야" 등 서로 웃고 넘길 수 있으면 가장 좋습니다.

감정을 억누르려고만 하면 그야말로 언젠가 심각한 문제에 말려들지도 모릅니다. 감정을 억누르기보다는 말로 표현해서 "그런 일이 종종 있지", "무례한 사람이네"라고 공감을 받는 것이 훨씬 낫습니다.

젊은 사람들에게 본보기를 보인다

바라건대 부디 젊은 사람들에게 본보기가 돼주세요.

전철에서 가방을 부딪쳤다고 바로 그 자리에서 상대를 째려보지 말고 '마음이 급한가 보다' 하고 넉넉한 마음으로 봐주세요.

또 편의점 점원의 태도가 불량하더라도 '뭐, 손님을 응대하는 교육을 제대로 받지 못한 직원이 있을 수도 있지. 이런 곳에서

백화점 같은 서비스를 요구해봤자 의미가 없겠다'라는 입장에서 생각해봅니다.

무례한 행동을 한 사람도 자신의 잘못을 어느 정도는 알고 있기 때문에, 연장자가 너그럽게 봐주는 태도를 취하면 '역시 연장자네'라고 생각하게 될 것입니다. 또 태도가 안 좋은 사람에게 "수고했어요"라고 말할 수 있다면 그 사람의 인생에 적잖은 영향을 줄 수 있지 않을까요?

나이를 먹는다는 것은 하지 못하는 일이 늘어나기만 한다는 의미가 아닙니다. 젊은 사람들에게 본보기 역할을 하기도 합니다.

그런 사회적 책임감을 가질 수 있다면 사소한 일로 짜증을 내거나 문제를 일으키는 일 없이 지낼 수 있지 않을까요?

어느 정도 나이를 먹으면 자신보다도 자신의 뒤를 따라오는 사람들을 생각해야 합니다. 그리고 그때는 꼭 시대의 변화를 고려해야 합니다.

그런 역할을 인식할 수 있으면 부질없는 짜증에 농락당하는 일은 없을 것입니다.

제3장 정리

모든 인간관계는 변한다.

내 안의 속물근성을 조금 내려놓는다.

젊은 사람들을 자유롭게 일할 수 있게 해준다.

남편이 노력하는 모습을 지켜보고 칭찬한다.

새로운 환경에서는 여러 사람과 상의하면서 행동한다.

누군가에게 지금의 마음을 이야기한다.

제 4 장

불안과 고독을
위한
기술

돈에 대한 불안에
대처하는 방법

———— 돈 때문에 불안해요 ————

50대는 자녀의 진학이나 결혼, 집 대출금, 부모의 간병, 본인의 의료비 등 목돈이 계속해서 나가는 시기입니다. 또한 코앞으로 다가온 정년퇴직과 연금생활을 생각할 필요가 있습니다. 50대 이후의 돈에 대한 불안을 어떻게 대처하면 좋을까요?

사람이 두려워하는 대표적인 것 중 하나가 '돈'입니다.

젊다면 무리를 해서라도 돈을 번다고 하는 선택지가 있을 테지만, 50대가 되면 지출하는 돈은 계속 늘어나지만 예전만큼 체력도 없고 무리하기도 힘들어집니다.

또 건강에 대한 걱정이 많아집니다.

새로운 일을 해보려고 해도 젊은 사람들에게 밀리기 십상입니다. 이처럼 자신이 무력하다는 생각에 빠지면 불안감이 눈덩이처럼 커집니다.

하지만 50대는 인생 후반전을 시작하는 시기입니다. 앞으로 얼마 남았는지 알 수 없는 인생을 돈에 대한 두려움만으로 허비하는 일은 아깝습니다.

두려움은 절대로 돈을 낳지 못합니다. 돈에 대해 불안감을 품는다고 돈이 불어나지는 않습니다.

요즘 사회는 지속 가능한 사회 보장 제도가 있다고 단언할 수는 없습니다. 하지만 고액 의료비 지원 사업 등 환자에게 과중한 의료비 부담을 주지 않도록 만든 제도가 있습니다. 건강보험을 통해 진료비를 보상받습니다. 건강보험 하나만으로 모든 의료비를 지원받을 수는 없지만, 필요할 때 건강보험 같은 사회

보장 제도를 충분히 활용하면 도움이 됩니다.

'빈곤'이 사회 문제로 대두된 요즘, 저소득층 어린이를 위한 무료 급식이 각지에서 행해지고 있습니다. 또 국민기초생활보장법에 따라 기초생활 수급자는 최저생활을 보장받을 수 있습니다.

따라서 돈이 없다고 기관에서 상담받는 것을 부끄럽게 생각할 필요가 없습니다. 공적 기관이나 민간 비영리 단체에서 자신의 경제적 어려움을 상담하면 좋습니다. 이것은 사회안전망의 역할을 합니다.

자녀의 교육비도 국가 장학금 제도를 활용할 수 있습니다.

요즘 젊은이들 사이에서는 결혼식을 올릴 때 최대한 간소하게 하는 '스몰 웨딩' 바람이 불고 있습니다. 이러한 가치관을 가진 사람이라면 결혼 후에도 행복한 결혼생활을 하지 않을까요? 자녀분과 서로 대화해보세요.

소중한 것이 무엇인지 다시 생각한다

앞서 말한 현실적인 일들과 함께 '무엇이 본인에게 필요한지'를 다시 생각해보는 것이 50대라면 꼭 필요합니다.

젊은 시절에는 남과 자신을 비교하며 지지 않으려고 돈이 드는 생활을 했을지도 모릅니다.

50대가 되면 '정말 자신에게 필요한 것, 소중한 것이 무엇인지'를 다시 찬찬히 생각해봐야 합니다. 남이 한다고 해서 자신도 꼭 해야 하는 것은 아닙니다.

'무엇이 자신을 행복하게 하는지', '무엇이 자신에게 정말로 필요한지', '자신이 어떤 인생을 보내고 싶은지'를 곰곰이 생각해보세요. 항상 돈에 대한 불안감에 사로잡혀서 죽을 때까지 두려움에 떨면서 지낼 것인지, 아니면 남은 인생의 순간순간을 소중히 하며 살아갈 것인지를 말입니다.

자신보다 젊은 세대에게(자녀가 있다면 자녀에게) 무엇을 남기고 싶은지, 젊은 세대 또한 돈에 대한 두려움에 사로잡혀서 사실은 충족된 삶을 사는데도 항상 걱정하며 살기를 바라는지를 말입니다.

남을 보면 '저렇게 풍족한 생활을 누리고 있으니까 문제없다'고 생각하기 쉽습니다. 하지만 자신에게는 그런 생각을 하지 못합니다. 이는 두려움이 만들어낸 재앙입니다.

역설적으로 들리겠지만 실은 '베푸는 것'이 돈에 대한 두려움을 줄

여줍니다. 베풀면 물리적인 돈은 줄어들겠지만 '두려움'에서 벗어나는 효과를 가져옵니다. 비록 소액일지라도 베풀 수 있는 자신의 여유로움에 감사할 수 있고 자기긍정감이 높아집니다.

'돈이 바닥나면 어떡하지?'라는 두려움에 사로잡혔을 때와 전혀 다른 감정을 맛볼 수 있습니다.

돈에 대한 걱정은 끝이 없습니다.

상식적으로 걱정하지 않아도 될 정도라도 '혹시라도 무슨 일이 생기면…' 하는 생각에 '좀 더, 좀 더' 하게 됩니다(만약의 경우를 대비하기 위해 보험이나 사회 보장 제도가 있습니다).

돈이 많으면 아무 걱정 없이 마음 편하게 지낼 수 있을 것 같지만 꼭 그렇지도 않습니다. '좀 더, 좀 더' 하는 마음은 멈추는 일이 없습니다. 왜냐하면 돈에 대한 두려움은 미지에 대한 두려움이고, 또 라이프스타일의 변화에 대한 두려움이자, 타인이 나를 바라보는 시선이 변하는 것에 대한 두려움을 동반하기 때문입니다.

미지에 대한 두려움은 누구나 가지고 있는 당연한 것입니다. 하지만 돈에 대한 불안은 **미래에 대한 불안이 현재의 삶을 빼앗는 것과 같다고** 말할 수 있습니다.

사실 어떻게 될지 아무도 모릅니다. '혹시라도 돈이 다 떨어져서 비참한 생활을 하면 어떡하나'라는 두려움이 현재의 삶을 빼앗아 지금 이 순간에도 마음의 평화를 얻을 수 없게 됩니다.

미래는 현재의 연장선상에 있습니다. 현재를 음미하면서 행복하게 살면 다음의 '현재'가 미래입니다.

앞서 말한 돈 문제처럼 물리적으로 어려워질지도 모릅니다. 하지만 도움받는 것을 창피하게 생각할 필요가 없습니다. 상대가 온정을 베풀면(적대적인 태도를 보이거나 공격적으로 권리 주장을 하지 말고 진짜 사정을 말하면 친절하게 대해줄 것입니다) 그것은 따뜻한 인간관계의 하나로서 누릴 수 있겠지요.

두려움 때문에 인생을 망치지 않는다

50대를 '자기만의 삶의 방식을 정할 때'라고 생각해보면 어떨까요?

베풀 수 있을 때는 베풀고, 힘들 때는 조언을 구합니다. 이렇게 명쾌하고 단순하게 생각하면 언제든지 베풀 수 있고 혹시라도 상대가 "어째서 당신은 이런 것도 못하는 거예요?"라고 고압적으로 나오더라도 '아, 이건 그 사람에게는 버거운 일이구나'라고 냉정하게 바라볼 수 있습니다.

사람은 저마다 가치관이 달라서 '사회 제도에 의존하는 삶'을 받아들이지 못하는 사람도 있습니다.

하지만 그것은 누구나 국민으로서 행사할 수 있는 권리입니다. 그것이 관공서의 담당자의 가치관과 다르다고 해서 화내지 말고 냉정하게 "나는 ○○를 받을 수 있는 대상입니다"라고 전달하면 됩니다.

나이를 먹을수록 '두려움' 때문에 인생을 망치는 일을 피할 수 있지 않을까 싶습니다.

이번 고민은?

모아둔 저금이 있어도 불안해요

부부가 함께 꾸준히 저금을 하고 있습니다. 신문 등에 나오는 50대 평균 저축액과 비교해도 결코 적지 않은 금액입니다. 보험도 들어놓았고 자녀도 사회인이 되었습니다. 풍족한 편이라고 생각하지만 한편으로는 앞으로 연금이나 간병 제도가 어떻게 될지 몰라 불안합니다.

앞서 말한 것처럼 돈에 대한 두려움은 '좀 더, 좀 더'가 되기 쉽습니다. 스스로 풍족한 편이라고 생각해도 불안하기는 매한가지입니다. 연금에 관한 불신이 불안한 마음을 더욱 부추깁니다.

하지만 돈 걱정만 하다가 인생을 끝낼 것인지, '여차하면 사회 보장 제도나 민간 비영리 단체 등의 도움을 받을 수 있다'고 믿으며 살아갈 것인지는 삶의 질에 큰 차이를 가져옵니다.

극단적인 사례가 되겠지만 빈곤 때문에 사망했다는 이야기가 이따금 뉴스에 나옵니다. 그럴 때 주위 사람이나 지원 단체의 이야기를 들어보면 "그렇게까지 어렵게 생활하는 줄 몰랐다. 말만 해줬더라면"이라는 말을 들을 수 있습니다. 주위 사람을 믿지 못하고 고립된 생활을 하면 빈곤이 생명과도 연관된다고 말할 수 있습니다.

이번 내담자의 경우는 생명을 걱정할 정도로 빈곤을 생각하는 것은 아닙니다. 결국은 '얼마나 **주변 사람들을 믿고 의지할 수 있느냐**'의 문제라고 생각합니다.

도박으로 재산을 탕진한 것이 아니라면 주변 사람이나 지원 단체가 도움의 손길을 내밀어줄 것입니다. 성실하게 살아왔는데 돈이 걱정이라면 뭔가 길이 열릴 것입니다(물론 도박한 사람에게도 치료의 길이 있습니다).

예전에 나는 미국에서 민간 비영리 단체를 위한 기부금을 모금한 적이 있습니다. "일본에서는 장래에 대한 불안 때문에 기부금을 모금하기 어렵다"는 현실을 토로하자 선뜻 기부금을 내준 사람이 "내가 남에게 줄 수 있는 것이 있다는 건 정말 멋진 일이 아닌가요?"라고 말했습니다.

다시 말해 어느 쪽을 바라보느냐에 따라 생각이 달라진다는 뜻입니다. 돈은 '부족해지면 어떡해!'라고 생각하는 한 불안감이 눈덩이처럼 점점 커집니다. 하지만 '여차하면 어떻게든 되겠지. 지금 내가 누리고 있는 풍족한 생활에 대해 감사한 마음으로 작은 돈이라도 남을 위해 베풀자'라고 생각하면 자신이 든든하게 느껴질 것입니다.

또 사회적으로 보더라도 '저 사람은 항상 남에게 베푼다'는 인상을 주면 단언컨대 만약의 경우가 생겼을 때 도움을 받을 수 있는 확률이 높아집니다.

그렇다고 만약의 경우를 생각한답시고 시커먼 속마음으로 베푼다면 효과가 없습니다. 자신의 현재 생활이 풍족하다고 긍정하지 못하니까요. 다시 말해 매일 안심하며 행복하게 살 수 없습니다.

'무슨 일이 생기면 어떻게든 되겠지'라고 생각한다

50대는 앞으로 남은 인생을 어떻게 살아갈 것인지 진지하게 생각해야 할 세대입니다.

'만약 돈이 다 떨어지면…' 하는 두려움을 안고 하루하루를 보낼 것인지, '막상 무슨 일이 생기면 어떻게든 될 거야. 적어도 지금은 남에게 베풀면서 살자' 하고 생각하면서 하루하루를 보낼 것인지, 어느 쪽을 택하느냐에 따라 삶의 질이 크게 달라집니다.

재벌 같은 어마어마한 부자를 제외하고는 의외로 한 푼 두 푼 착실하게 돈을 저축해온 사람이 돈에 대한 두려움이 더 심한 경향이 있습니다. 착실하게 돈을 저축해왔다는 것은 그만큼 돈에 대한 의식이 확고하다는 것이니까요. 오히려 그렇지 않은 사람이 장래를 걱정하지 않고 마음 편히 사는 경우가 허다합니다.

지금까지 살아온 인생을 잠시 돌이켜 생각해보세요. 지금의 행복이나 안정된 생활은 정말 돈 덕분이었을까요? 가족이 사이좋게 서로 협력해서 일군 결과가 아닐까요? 그렇다면 사회인이 된 자녀들도 막상 무슨 일이 생기면 선뜻 도움의 손길을 내밀어줄 것입니다.

'돈을 저축해왔다'는 것을 '성실하게 살아왔다'로 바꿔 말하기만 해도 이 이야기의 본질이 보일 것입니다.

질문에 대답하자면 '돈이 다 떨어지면 어떡해!' 하는 두려움에 사로잡혀 있는 한, 돈에 대한 불안은 계속될 것입니다.

이토록 성실하게 살아온 사람이 곤란한 상황에 빠진다면 다른 사람은 훨씬 더 힘들겠지요. 사회 본연의 자세가 달라져야 할 때라고 생각하면 당당하게 어깨를 펴고 살아갈 수 있지 않을까요.

고독을 베풂으로 이겨낸다

—————— 고독과 친해지고 싶어요 ——————

자녀를 다 키우고 문득 정신을 차려보니 남편과 둘만 남은 느낌입니다. 학창 시절 친구와는 소원해졌고, 부모나 친구와의 사별 등으로 50대 전후부터 문득 고독을 느낄 때가 부쩍 늘어난 것 같습니다. 그런 고독감과 친하게 지낼 수 있을까요? 또한 고독이라고 하면 왠지 부정적인 이미지가 있는데, 정말 그런가요?

여기서 질문자는 잘 구별해서 쓰고 있지만 '고독(물리적인 것)'과 '고독감(자신의 감정)'은 별개입니다.

물리적으로는 고독할지라도 전혀 고독감을 느끼지 않는 사람이 있고, 반대로 주변에 사람이 많아도 마음을 열지 못해 '고독감'에 시달릴 수 있습니다.

이 두 가지, 즉 물리적인 '고독'과 정신적인 '고독감'을 구별하지 않으면 '나이를 먹는다=아는 사람이 하나둘씩 죽어간다=가족과 소원해진다=고독감에서 빠져나오지 못한다'고 하는 사고에서 벗어날 수 없습니다.

고독감은 '얻고 싶다'고 하는 성질의 감정입니다. '친한 사람이 없으면 행복해질 수 없다'고 생각하는 것은 한마디로 '친한 사람'을 '얻고 싶은' 마음이라고 할 수 있습니다.

얻고 싶은 마음은 채워지는 법이 없습니다. '좀 더, 좀 더' 하게 됩니다. 둘도 없는 단짝 친구가 생겨도 '좀 더 나를 위해 시간을 써줘'라는 마음이 생깁니다. 이번 주에는 통화시간이 짧았다든가, 다른 사람과 즐겁게 쇼핑하는 장면을 마주치기라도 하면 '왜 내가 아닌 거야? 좀 더 나를 신경 써줘!'라고 생각합니다.

또는 자식이나 손주가 자주 찾아오지 않아 생기는 불만도

'얻고 싶은' 마음입니다. '고생고생하며 키워줬더니 코빼기도 안 보이고 효도도 하지 않는다'고 생각하는 것은 '진심으로 얻고 싶은 것을 얻지 못했다는 것' 그 자체입니다.

즉, 얻고 싶은 마음은 '좀 더, 좀 더' 하는 마음으로 이어져서 아무리 해도 채워지지 않는 '고독감'이 남을 수 있습니다.

남에게 베풀면 고독감이 사라진다

고독감을 해결하는 방법은 얻고 싶은 마음의 반대 방향, 즉 '주고(베풀고) 싶다'는 쪽에 있습니다.

'이렇게 고독한 내가 무엇을 줄 수 있겠어?'라고 생각할지도 모릅니다. 하지만 혼잡한 역에서 어려움을 겪는 시각장애자에게 슬며시 다가가 도움을 주거나 길을 몰라 헤매는 사람에게 길을 알려주면 '고독감'이 눈 녹듯이 사라지지 않을까요?

'목적지까지 아무 탈 없이 도착하면 좋겠다'는 밝은 마음이 들거나 내 안의 선한 마음을 발견해서 기분이 좋아집니다.

이럴 때, 우리의 마음은 활짝 열립니다. 상대에게 베풀려는 친절한 기분이 들 때는 물리적으로는 고독할지라도 '고독감'은 사라집니다. 사회 전체가 마치 자신이 돌볼 수 있는 대상처럼 느껴집니다.

마음만 열면 '고독감'은 자취를 감춥니다. 마치 세상 전부와 연결된 듯한 느낌이 듭니다.

물론 "친절히 대해주셔서 감사합니다"라는 말을 들으면 기쁩니다. 하지만 '감사하다는 말 한마디가 없다'며 슬그머니 화가 치밀려고 할 때는 '얻고 싶은' 마음이 스멀스멀 올라와서 그런 것입니다.

'베푸는 마음'은 베풀 때 느끼는 좋은 기분, 마음이 열리는 느낌, '고독감'에서 벗어나는 것이 포인트이기 때문에 상대가 감사의 말을 했느냐 안 했느냐는 사실 별로 중요하지 않습니다 (감사하다는 인사를 들으면 기분이 좋겠지만 이상하게 인사치레로 듣는 말은 별로 기분이 좋지 않습니다).

그렇게 생각하면 '익명성'이 좋지 않을까 하는 생각이 듭니다. '내가 했습니다'라는 것이 명확하면, 상대에게 감사의 말을 해야 한다는 부담감을 주거나 감사의 인사가 없을 때 마음이 황폐해질지도 모릅니다.

'익명성'이란 쉽게 비유하자면 마트 계산대에 놓인 기부 저금통 같은 것입니다. 100원짜리 동전 하나라도 넣으면 기분이 좋아집니다.

물론 상대의 반응은 보이지 않지만 그것은 전혀 본질적인 것이 아닙니다. 내가 남에게 베풀려고 마음을 열었다는 점이 가장 중요합니다. 아울러 '고독감'을 해결할 수 있습니다.

나이가 들어 좋은 점은 인생 경험이 늘어나는 것, 여러 가지 사정을 가진 사람을 알아볼 수 있다는 것 등 많습니다. 베푸는 방법도 능숙해지고 '왜 이렇게 하는 거야?' 하는 설익은 의문에서 벗어나 '아, 이 사람, 지금까지 많은 일이 있었구나' 하고 차분하게 받아들일 수 있는 것도 나이가 들어서 얻을 수 있는 선물입니다.

자, 이제는 물리적인 '고독'에 관해서 생각해보겠습니다.

나이가 들어서 좋은 점은 아득바득 돈을 벌려고 발버둥치지 않아도 된다는 점입니다(물론 사람마다 각자 사정이 다릅니다).

여러 곳에 얼굴을 내밀어보고 '여기는 나랑 맞다'고 생각하는 곳에서 새로운 친구를 사귀거나 여러 가지 형태로 인생을 즐겨보세요.

지금까지 열심히 사회를 지탱하며 살아온 것에 대한 보상 기간입니다. 오래된 만남은 점점 줄어들지만 새로운 친구를 만들 기회는 아직 있습니다.

고령자가 모이는 곳도 좋고, 큰마음 먹고 젊은 사람들이 다니는 헬스클럽에 다녀보는 것도 좋습니다.

동년배는 물론이고 나이 차이가 많이 나는 친구가 생길 수도 있습니다. 젊은 사람들에게 새로운 지식을 배우거나 예상치 못한 친절함과 솔직함을 접할 수도 있습니다.

혼자라는 것은 자유롭다는 뜻이기도 하다

마지막으로 '고독은 나쁜 것인가'에 관해 생각해보겠습니다. 이번 주제는 특히 나이 듦에 따른 고독이기 때문에 '지금까지 자신의 인생에 있어서의 고독'을 말합니다.

이를테면 초등학교 고학년부터 중학생 때까지 여학생들은 늘 껌딱지처럼 붙어 다니며 행동을 같이하는 경향이 있습니다(안타깝게도 이것이 집단 따돌림으로 이어지기도 합니다).

혼자 있기라도 하면 "친구가 없니?", "성격이 안 좋은 거 아니야?" 등과 같은 험담을 어딜 가나 당연하듯 듣습니다.

하지만 이제 우리는 중학생이 아닙니다! 누군가와 늘 같이 붙어 다니지 않아도 살 수 있습니다. 여행을 갈 때도 오히려 혼자일 때 남을 신경 쓰지 않고 자유롭게 행동할 수 있다는 장점이 있습니다.

좋아하는 책을 찬찬히 음미하면서 읽는 것도 혼자일 때가 좋습니다. 미술관에 갈 때는 특히 상대와 보조를 맞추면서 감상하기가 쉽지 않습니다.

혼자 있는 것의 가장 큰 장점은 스스로 모든 일을 맡아서 처리하는 것입니다.

그런 장점을 찾아내면서 슬기롭게 나이를 먹고 싶습니다.

이번 고민은?

고독해질까 봐 겁나요

속을 터놓고 허물없이 지낼 만한 친구가 거의 없습니다. 남편의 근무지를 옮기는 바람에 주변에 학창 시절 친구가 없습니다. 아이가 어릴 때는 아이 친구 엄마들과 가깝게 지내기도 했지만 지금은 소원해졌습니다. 이웃이나 직장 사람들과는 서로 인사만 하는 정도이고 그 이상의 관계로는 발전하지 않습니다. 남편도 말상대로는 부족합니다. 머지않아 완전히 외톨이가 될까 봐 불안합니다.

이번 고민 사례도 앞서 말한 사고방식을 적용하면 '얻고 싶은' 마음이라고 할 수 있습니다. 아무도 자신과 친하게 지내려고 하지 않는다며 마치 피해자인 듯 생각합니다.

앞서 설명한 대로 '얻고 싶다'가 아니라 '베풀고 싶다'로 의식을 전환해보세요.

현재 생활 속에서 뭔가 베풀 만한 것이 있을까요? 부디 얻기 위해 베푼다는 생각은 그만두세요. 베풀었는데 아무것도 돌아오지 않아도 베풀어서 마음이 훈훈해지면 고독감에서 벗어날 수 있습니다.

베푼다는 자세로 남편과 마주해보세요. 남자는 칭찬받는 것을 아주 좋아하니까 따뜻한 마음으로 조그마한 일에도 칭찬해주세요.

남편과 사이가 좋아지면 "저기, 오늘 할 이야기가 있어요"라고 말을 꺼내기가 한결 편해질 것입니다.

다만 남자는 여자와 달리 안색을 살피면서 섬세하게 대응해주지 않는다는 점을 염두에 두는 게 좋습니다.

또한 "당신은 머리가 좋아서 이야기를 듣자마자 정리하거나 조언을 해주지만 그런 거 없이 그냥 들어줄래요?"라고 전제조건을 달아두면 관계가 상당히 좋아집니다.

결론적으로는 "이것 때문에 곤란을 겪고 있으니까 좀 도와줘요"라고 도움을 청해도 좋고, "내 이야기를 들어줘서 고마워요. 당신이 이야기를 들어주면 마음이 풀려요"라고 감사의 마음을 표현하는 것도 좋습니다.

주변 사람에게도 베푼다는 마음으로 관계를 맺으면 지금보다 훨씬 마음이 통했다고 느끼는 순간이 많아질 것입니다.

'얻고 싶다'는 마음이 가득할 때 상대에게 조금이라도 부족한 면이 보이면 불만을 품기 쉽지만, '베풀고 싶다'는 자세로 대한다면 문제가 되지 않습니다. 그런 의미에서 관대한 사람이 될 수 있습니다.

지금 생활하는 환경에서 '베푸는 자세'로 어울려 지낼 만한 사람이 전혀 없다면 공동 육아 자원봉사도 좋은 방법입니다.

'나는 아무 도움도 안 돼. 나 하나 이 세상에서 사라져도 아무 일도 없을 거야' 하는 마음이 '고독감'이지만, 베푸는 자세로 관계를 맺고 상대의 웃는 얼굴을 볼 수 있으면 사뭇 다를 것입니다. 어린아이의 밝고 솔직한 에너지가 도움을 줄 것입니다.

요즘에는 병원 안내를 할 때 자원봉사자들이 활약하고 있습니다. 그런 곳도 좋습니다.

아무도 필요로 하지 않아도 괜찮다고 생각한다

앞서 말한 봉사도 어렵다는 사람에게는 익명 기부를 권합니다. 어린이와 관련된 국제나 국내 단체 등에 익명 기부를 해보세요.

당연히 실명으로 해도 좋지만 그렇게 하면 '뭐야? 감사편지가 오지 않잖아' 같은 '얻고 싶다'는 마음에 불이 붙을 가능성이 있으므로, 순수하게 '베풀고 싶다'는 마음으로는 익명이 좋습니다.

앞서 쓴 대로 마트 같은 곳에 가면 동전을 넣는 기부 저금통이 있습니다. 작은 액수라도 돈을 넣으면 '나는 착한 사람이야'라는 생각이 들고, '아무도 필요로 하지 않는 고독한 사람'이라는 느낌과 완전히 다른 감정을 맛볼 수 있을 것입니다.

아무도 필요로 하지 않아도 괜찮습니다. 베풂으로써 따끈따끈한 온기를 자기 안에서 느낄 수 있으면 '고독감'에서 벗어날 수 있습니다.

물론 취미 등 새로운 활동을 시작하는 것도 좋습니다. 현재에 집중하면 고독하다는 생각은 떠오르지 않습니다. 또 친구도 생길 테고요.

지금 이 순간에 집중하는 것, 그리고 어떤 상황에서도 '얻고 싶다'는 마음이 아니라 '베풀고 싶다'는 마음을 가지면 고독감이 사라질 것입니다.

애도 작업 뒤에
사별을 받아들인다

50대가 되면 부모, 형제자매, 친구 등과 사별하는 사람이 있을 것입니다. 소중한 사람을 잃는 것은 인간이 경험하는 것 중에서 가장 충격적인 경험이라고 할 수 있습니다. 대부분의 사람이 반드시 경험하는 일이기도 하고요. 소중한 사람을 잃었을 때 느끼는 상실감이나 외로움과 어떻게 마주하면 좋을까요?

부인 → 절망 → 탈애착의 단계를 밟는다

소중한 사람이 죽으면 사람은 '애도 작업'으로 불리는 과정을 체험합니다. 그것은 '믿을 수 없다'는 '부인'으로 시작해서 여러 가지 감정이 표출되는 '절망'의 시기로 이행됩니다.

이 시기에는 '좀 더 착한 사람이 될 테니까 죽은 사람을 돌려주세요!'라는 마음이 들거나 친한 사람과 행복하게 지내는 사람을 보면 부럽다가도 '왜 하필 나만' 하고 분노를 느끼기도 합니다.

또한 살아생전의 관계성에 따라 천차만별이겠지만 '좀 더 잘해줬다면 좋았을 텐데', '그런 심한 말을 하지 말았어야 했는데', '하고 싶은 일을 하게 해줄걸' 등의 후회와 죄책감에 몸부림칠 때가 있습니다.

이 '절망'의 시기는 괴롭지만 다음 단계로 나아가기 위해 꼭 통과해야 하는 과정입니다.

이 시기에는 여러 가지로 감정적이 됨으로써 다음의 '탈애착'의 시기로 나아갈 수 있습니다.

'탈애착'의 시기가 돼도 슬픔은 평생 계속되지만 사별이 인생을 좌지우지할 만큼 힘을 갖지 못하고 현재를 살아가기 위

한 균형이 잡히기 시작합니다. 여기까지를 '애도 작업'이라고
합니다.

'애도 작업'은 매우 중요합니다.

고인이 열심히 살아온 사실에 눈을 돌린다

상대의 죽음이 갑작스러울수록 '왜?'라는 마음에서 헤어나기
힘듭니다.

'왜?'에 대한 대답은 일반적으로 얻을 수 없습니다. 다만 상대
가 '갑자기 죽어버린 불쌍한 사람'이 아니라, 살아있는 동안에
성실하게 인생을 살았고, 주변 사람에게 많은 영향을 준 사람
이라고 넓은 시야로 바라보고 싶습니다.

죽음에 관해 피하지 말고 일부러 앨범을 꺼내서 생전의 고인
을 회고해보거나 친한 사람들과 추억 이야기를 나누는 것이 도
움이 됩니다. 또 추억의 장소로 발걸음을 옮겨보는 것도 좋습
니다.

피하고 싶어 할 때는 '죽은 상대'에게만 눈길이 가서 그 사람
이 열심히 살았다는 사실을 간과하기 쉽습니다. 그 사람이 살
아생전에 성실한 삶을 살았던 사실을 존중해주기 바랍니다.

장례식도 중요한 절차입니다. "너무 슬퍼서 장례식에 갈 수 없다", "너무 슬퍼서 묘소에 갈 수 없다"며 고인과의 관계를 애써 피하려는 사람이 있습니다. 이는 슬픔을 극복하는 데 역효과입니다. 괴롭더라도 마주하지 않으면 아무리 시간이 지나도 '애도 작업'이 '부인'하는 단계에서 멈추고 맙니다.

그러다 보면 여러 가지 문제가 생깁니다.

고인을 보내고 한참 시간이 지나면 단순한 '애도 작업'에서 끝나는 게 아니라 우울증을 유발합니다. 사람에 따라 인생의 후반기가 되면 누군가의 죽음을 계기로 우울증에 걸리기도 합니다. 또는 죽은 사람의 기념일, 기일, 불치병을 선고받은 날 등 특정한 날에 몸의 컨디션이 나빠지기도 합니다.

또한 '슬픔'이 주된 증상이 아닌 우울증에 걸리기도 합니다. 신체의 통증이나 몸 상태가 좋지 않은 것을 느끼지만 검사를 해도 아무 이상이 나오지 않는 경우도 있습니다.

죽은 엄마가 말년에 다리가 마비되었다면 비슷한 나이대가 되었을 때 다리에 이상이 생기는 일도 있습니다. 이것도 신체 증상이 강하게 표출된 우울증이라고 할 수 있습니다.

이것들을 감안해서 생각해보면 내향적인 '애도 작업'은 꼭 필요하지만, 사람에 따라 그런 여유조차 허락되지 않는 경우가 있습니다.

이를테면 혼자 아이를 돌보는 싱글맘입니다. 두 아이를 키우는 전업주부였지만 남편이 회사에서 심한 직장 내 괴롭힘을 당해 자살했습니다.

이런 경우에는 남편이 세상을 떠나자마자 앞으로 어떻게 아이들을 키워야 할지 생각하지 않을 수 없고 당장 먹고 사는 문제가 최우선이 됩니다.

이상적으로는 밤에 아이들을 앉혀놓고 "아빠가 하늘나라에서 보고 있단다" 같은 이야기를 할 수 있으면 좋으련만 언감생심입니다. 도저히 그럴 여유가 없습니다. 특히 그동안 전업주부였던 사람은 새로 시작한 일에 적응하기도 벅차기 때문에 부담이 이만저만이 아닙니다.

매일 아이를 안고서 "사랑해, 열심히 일하고 올게"라고 말하는 정도가 고작이겠지요.

또는 죽은 사람이 빚을 남겼다면, 돈을 마련하느라 정신없이 바쁜 나날을 보내야 하고 그러다 보면 고인에 대한 분노가 끓어올라 느긋하게 '애도 작업'을 하고 있을 상황이 아닙니다.

다만 나중에라도 우울증에 걸리지 않으려면 조금씩이라도 '애도 작업'을 하는 것이 좋습니다.

죽고 나서도 영혼으로 통한다

사람에 따라서는 '남자에게 눈물은 필요 없다'든지 '나는 강하니까 괜찮아'라고 생각할지도 모릅니다. 또한 고인을 보낸 뒤에 남겨진 사람은 온 힘을 다해 열심히 살아야 다시 기운을 차릴 수 있다고 믿는 사람도 있습니다. 하지만 그것은 옳지 않습니다.

고인의 죽음을 계속 부인하거나 유품을 정리하지 않으면 아무리 시간이 지나도 '가장 소중한 곳이 휑하게 빈 듯한 인생'이 됩니다.

'소중한 사람의 죽음'을 계기로 현재 자신이 살아가는 데 있어 소중한 사람과의 관계를 끊어버리고 죽음을 부인한다면 그것은 절대로 안 됩니다.

인간은 곁에서 지지해주는 사람이 있어야 삶의 질이 더욱 높아집니다.

살아생전에는 현실적인 문제가 여러 가지 있었을지라도 죽고 나면 정말 영혼끼리 통하게 됩니다.

상대로부터 평가받을 일도 없고, 어떤 의미에서는 안심하고 관계를 맺을 수 있기 때문에, 살아있을 때보다도 가깝게 느껴진다는 사람이 많습니다.

이번 고민은?

남편의 갑작스러운 죽음으로 인한 충격에서 벗어날 수 없어요

승진해서 이제껏 고생한 보람이 있구나 싶었는데 남편이 돌연사 했습니다. 남편을 생각하면 원통하고 억울해서 미칠 것 같습니다. '좀 더 건강에 신경을 썼다면 좋았을 텐데'라는 생각이 문득문득 들어 속상합니다.

승진해서 희망에 부풀었던 때에 갑작스럽게 닥친 남편의 죽음은 너무나 큰 충격이고 말씀하신 대로 남편의 입장에서 생각해봐도 억울하기 그지없을 것 같습니다.

이런 생각이 드는 것은 인간으로서 당연합니다. 특히 상담 내용으로 추측해보건대 사이가 좋은 부부였을 것 같습니다. 소중한 배우자가 갑자기 세상을 떠나는 일은 너무나 큰 충격입니다.

터져 나오는 감정을 억누르지 않는다

남편의 입장에서 보면 '갑자기 죽어서 불쌍한 사람'이 아닌 '승진할 정도로 능력이 있고 열심히 일한 사람'으로 기억되고 싶지 않을까요? 승진은 남편이 그동안 열심히 일해 직장에서 인정받고 두터운 신뢰를 쌓은 결과라고 할 수 있습니다.

어쩌면 남편은 하늘나라에서 억울함은 없고 다만 '열심히 일하고 인정도 받은 좋은 인생이었다. 남은 걱정은 가족뿐이다'라고 생각할지도 모릅니다.

여기에서도 '애도 작업'이 필요합니다.

'앞으로 승승장구할 날만 남았는데 왜 하필? 분명히 뭔가 잘못된 거야'라고 '부인'하는 시기로 시작합니다. 그럼에도 장례식 등에서 현실과 맞닥뜨리게 되면 '그렇게나 열심히 살았었는데 내가 좀 더 건강에 신경을 써줬어야 했어', '내가 철없는 소리를 해서 심하게 스트레스를 받았는지 몰라' 등 죄책감을 중심으로 한 감정이 봇물처럼 터져 나오겠지요.

남편이 매일 정신없이 바쁘게 일만 하며 살았다면 '회사가 남편에게 너무 일만 시킨 건 아닐까?'라는 회사에 대한 분노가 차오를 것입니다.

이 시기에 표출되는 감정은 모두 있을 수 있는 감정입니다. 그만큼 엄청난 일이 일어났기 때문에 여러 가지 감정이 나옵니다. 중요한 것은 그 감정을 억누르지 않는 것입니다. 자신의 감정 하나하나를 '그렇게 생각하는 것이 당연하다'고 긍정해주는 것입니다.

남편의 죽음에 대해 직장에 불만이 있는 경우, 산재 등의 절차를 진행하는 것도 하나의 방법입니다. 결과적으로 산재를 인정받지 못하더라도 그 과정에서 따뜻한 위로의 말을 들을 수 있습니다.

자녀 또는 친한 지인이 있다면, 앞서 말한 것처럼 함께 앨범을 보거나 여러 가지 추억 이야기를 해보세요.

상대는 신경을 쓸지도 모르지만 "이렇게라도 남편이 충실한 삶을 살았다는 것을 마음에 담아두고 싶다"고 전하면 이해해줄 것입니다.

'애도 작업'에 필요한 기간은 일반적으로 6개월 이내라고 합니다. 하지만 돌연사 같은 충격적인 죽음은 년 단위로 계속될 수 있습니다. 필요하다면 '애도 작업'을 도와줄 전문가의 힘을 빌려서 본인의 인생을 되찾기 바랍니다.

슬픔을 이해해줄 만한 사람과 대화를 나눈다

이웃과 가족처럼 지내던 시절에는 슬픔도 이웃과 함께 나눌 수 있었습니다. 모두 남편을 알고 있기에 남편을 잃은 아내의 슬픔을 이해해줬을 테지요.

혼자서만 '애도 작업'을 하면 때때로 남편이 실제보다 훨씬 훌륭한 사람이라는 생각이 들어 '어떻게 그런 훌륭한 사람을 떠나보냈을까' 하고 상심하기 쉽습니다.

하지만 남편을 속속들이 알고 있는 사람들과 추억 이야기를 하면 "이런 면은 좋았지만 이런 면은 정말 별로였지" 등과 같은 솔직한 이야기를 들을 수 있어 이해받는 듯한 느낌이 들 수 있습니다. 또 남편을 지나치게 이상화하지 않게 됩니다.

이웃의 의미가 많이 퇴색된 요즘은 인간관계가 그다지 깊지 않습니다. 당장은 주변에 알고 지내는 사람들이 "남편 몫까지 열심히 사세요", "낙심하지 마세요" 등과 같은 상투적인 위로의 말을 건네겠지요.

하지만 남편 몫까지 열심히 사는 것은 '애도 작업'이 끝난 뒤에 해도 충분하고, 당장은 남편의 죽음으로 인해 '열심히 산다'는 말의 의미가 가슴에 와 닿지 않을 것입니다.

어느 날 갑자기 배우자를 잃으면 당연히 실의에 빠지겠지만 이왕이면 "너무 상심하지 마세요"라고 말하지 말고 "부디 건강 조심하세요"라고 말하는 것이 좋습니다.

대화가 통할 만한 사람에게는 자신의 그런 감정을 말해보고 통하지 않을 것 같은 사람에게는 "네, 열심히 살겠습니다" 정도로 대답하세요.

특히나 마음이 약해져서 쉽게 상처받을 때는 대화 상대를 선별하는 것이 무척 중요합니다. 꼭 '믿을 만한 사람(멋대로 단정 짓지 않는 사람)'을 찾아서 이야기를 나눠보세요.

그런 사람이 없다면 앞서 말한 대로 '애도 작업' 전문가와 상담해보는 것이 가장 좋습니다.

'지금 이 순간'에 집중하고
'죽음'에 휘둘리지 않는다

50대가 되면 질병과 죽음에 대한 불안과 마주하는 상황에 서게 됩니다. 언제 병에 걸릴지, 또 재발할지, 목숨이 다할지 등과 같은 불안을 안고 우리는 어떻게 살아가면 좋을까요?

'죽음'은 우리가 경험(예상)하는 것 중에서 가장 큰 충격이라고 할 수 있습니다. 저마다 죽음과 삶에 대한 입장이 다르겠지만 대개 '모든 것의 끝'이라고 생각합니다.

지칠 대로 지쳐서 이제 죽고 싶다는 생각이 턱밑까지 차오를 때조차도 막상 실제로 죽음의 공포가 엄습하면 '두렵다', '싫다' 고 느끼는 사람이 태반일 것입니다.

또한 주변 사람에게 미치는 영향도 이만저만이 아닙니다.

'죽음'은 너무나도 강렬해서 '죽음', '죽음의 가능성'을 통해 세상을 바라보면 공포심을 느끼고 절망한 나머지 어떤 의미에 서는 사고정지 같은 상태가 돼버립니다.

아울러 그것이 아직 살아있는 우리의 '현재의 삶'의 질을 망가뜨립 니다.

이러한 것을 잘 알려주는 실화가 있습니다. 미국의 한 남자아 이의 이야기입니다. 아이는 암에 걸려 얼마 살지 못하는 상태였 습니다. 그 아이는 자신이 곧 죽는다는 것을 알고 있었습니다.

그 아이는 죽으면 어떻게 될지 몹시 궁금했습니다. 그 아이의 입장에서 보면 당연한 의문이겠지요.

그 아이는 자신을 문병하러 찾아오는 모든 사람에게 "사람은 죽으면 어떻게 되나요?"라고 물었습니다.

하지만 대부분의 사람은 이 질문을 하는 아이가 너무 딱하고 가엾다고 생각했습니다. 이토록 귀엽고 작은 생명이 이제 곧 죽는다니 너무나 가혹해서 차마 입이 떨어지지 않았습니다.

그 괴로움 때문에 아이를 찾아오는 사람들의 발길이 점점 줄어들었습니다.

이 또한 얼마나 슬픈 일인가요. 이제 곧 암으로 죽는다고 하는데, 가장 듣고 싶은 말을 물으면 사람들이 멀어져갑니다. 가장 궁금한 것을 알려고 하면 사람들과의 관계가 끊어집니다.

가뜩이나 불안하고 외로운 시기에 '이제 곧 죽는다니 가엾다'는 선입견 때문에 그 아이의 인생의 마지막은 정말 말 그대로 딱하고 가엾게 되고 말았습니다.

잘 사는 것이 잘 죽는 것이다

우리는 여기에서 많은 것을 배울 수 있습니다. 하나는 '죽음'을 너무 두려워하면 '아직 죽지 않은' 현재의 삶과 인간관계를 빼앗깁니다. '○○하면 어떡하지'라는 고민만 하면 '살아있는 현재'의 의미가 퇴색되어버립니다. 마치 살아있지 않은 것처럼 말이지요.

애초에 인간에게 수명이 있는 이상 우리의 바람은 '죽지 않는 것'이 아닌 '인생을 풍요롭게 사는 것'입니다.

요즘에는 '수명'보다도 '건강수명'을 중요시하며, 자리보전한 채 오래 사는 것보다 나답게 활동할 수 있는 인생을 생각합니다.

당연한 말이지만 인생의 어느 시기에 있느냐에 따라 목표로 삼는 것이나 할 수 있는 것이 다릅니다. 하지만 그 연령대에 맞는 '풍요로운 인생'을 살며 인생의 마지막 순간에는 살면서 만난 사람들이나 일들, 자신의 인생을 지탱해준 세상에 대한 감사 등을 느끼면서 죽고 싶지 않을까요?

'죽음'은 사람마다 생사에 대한 생각에 따라 달리 받아들여지겠지만, 저마다 주어진 육체를 가지고 살아온 삶의 종점인 것은 분명합니다.

'잘 사는 것은 잘 죽는 것이다'라는 명언이 있습니다. **'죽음'에 초점을 맞추면 현재의 인생을 망치게 됩니다.** 최악의 경우, '죽는 것'을 두려워만 하면 아무것도 할 수 없는 인생이 됩니다.

지금, 현재를 살아간다

한편, 인생은 현재가 쌓이고 모여서 이루어진 것입니다. '현재'

에 초점을 맞추면 지금의 현재, 다음의 현재, 또 그다음의 현재, 이렇게 풍요로운 인생이 계속됩니다.

현재에 충실하면서 인생을 산 사람은 후회 없이 감사하는 마음으로 생의 마지막을 맞이할 수 있지 않을까요?

'언제 병에 걸릴까?', '언제 재발할까?', '언제 목숨이 다할까?' 등과 같은 일은 기본적으로 알 수가 없습니다. 물론 재발하기 쉬운 암이 있지만 어디까지나 가능성 있다는 말뿐 자신이 거기에 해당될지 아닐지는 알 수 없습니다.

병에 관해서도 특별히 유전성이 강한 선천병이 있는 집안에서 태어났다면 이야기가 다르겠지만 그런 경우는 일찌감치 의학적인 조언을 듣는 것이 좋습니다. 그렇지 않은 경우에는 고작해야 담배나 술은 몸에 해롭다, 정도의 말을 듣습니다.

물론 몸에 좋다고 하는 음식이나 제품들을 연일 선전하고 있지만 **확실한 과학적 근거가 없는 것을 너무 믿으면 휘둘리게 됩니다.**

수많은 정보에 휘둘리다 보면 '지금 내가 이것을 먹고 있지만 괜찮을까?' 같은 생각을 하며 자신의 일상을 의심의 눈초리로 바라보게 되므로 이 또한 현재를 살아가는 마음을 해칩니다.

질병을 어떻게 대해야 할지 생각해둔다

인생에서 가장 중요한 것은 인간관계입니다. 나는 대인관계치료법이라는 '에비던스 베이스드 evidence based (효과에 관한 과학적인 근거가 있음)' 정신치료법의 전문가이지만, 누군가로부터 진심 어린 지지를 받고 있다는 느낌은 마음을 건강하게 하는 데 상당히 중요합니다.

앞서 남자아이의 사례에서는 주변 사람들이 '가엽고 불쌍하다'는 마음의 장벽을 쌓는 바람에 따뜻한 교류를 방해했습니다.

자신이 환자의 입장이 되었을 때 똑같은 일을 당한다면 당연히 괴로울 것입니다.

병에 걸리면 또는 재발한다면 나를 어떤 식으로 대해주면 좋을지 미리 생각해두는 것이 좋습니다.

물론 병의 단계에 따라 조정이 필요하겠지만 "나에게는 이런 식으로 대해주면 좋겠어"라고 원하는 것을 분명히 밝히면 주변 사람도 동요하지 않고 도움이 돼줄 테고 "너만은 암에 걸리지 않을 줄 알았어. 정말 너무 안됐다" 등의 무신경한 발언도 줄어들 것입니다.

당연히 이것은 타인이 암에 걸렸을 때도 응용할 수 있습니다. 가엽고 불쌍하다는 마음의 장벽을 만들지 말고 "지금 뭐 하고 싶어?"라며 편안하게 대하는 것이 좋습니다. 거기에 불쌍하다는 마음을 없으면 따뜻한 유대관계가 무너진다는 사실을 기억해두면 도움이 될 것입니다.

앞서 말한 것을 어느 정도 머릿속에 그려두면 언제 병에 걸릴까, 언제 재발할까, 언제 목숨이 다할까, 같은 본래 스스로 제어할 수 없는 것을 정신적으로 받아들이기 쉬울 것입니다.

이번 고민은?

암이 재발할까 봐 불안해요

검사 결과 암이 발견되었습니다. 수술을 받아 목숨은 건졌지만 '재발하는 건 아닐까' 불안해서 견딜 수가 없습니다. 생각하지 않으려고 하지만 인터넷이나 책에 나오는 정보를 무의식중에 찾아보고는 일희일비하게 됩니다.

'검사 결과 암이 발견되었다'는 것은 너무나 큰 충격이었겠네요. 암은 많은 사람에게 '죽음'을 떠올리게 하는 병이기 때문입니다(실제로는 암에 걸린다고 모두 죽는 것은 아닙니다).

그때까지 건강에 별로 신경을 쓰지 않고 지낸 사람, 또는 건강에는 자신이 있었던 사람, 어느 쪽이든 간에 '좀 더 건강에 신경을 썼더라면', '좀 더 조기에 발견했더라면' 등과 같은 후회가 밀려들 것입니다. 이번 사례처럼 수술이 성공한 경우라도 '재발'이나 '전이'라는 두 글자가 무겁게 몸을 짓누릅니다.

따라서 인터넷이나 책에서 정보를 조사하거나 자신과 똑같은 사례를 검색하게 될 것입니다. 그리고 합리적으로 얼마나 근거가 있는지 몰라도 한 번은 안심했다가 '하지만 내 경우는…' 하고 다시 걱정하며 일희일비하게 될 것입니다.

불안한 것은 인간으로서 당연하다

이러한 기분이 드는 것은 우선 인간으로서 당연합니다.

사람은 매일 별 생각 없이 '어떻게든 되겠지'라고 생각하며 살아갑니다. 하지만 뭔가 심한 충격을 받으면 '어떻게든 되겠지'라는 마음은 사라지고 그 자리에 불안한 마음이 똬리를 틉니다.

예상치 못한 일을 느닷없이 선고받으면 충격이 너무나 커서 '어떻게든 되겠지'라는 마음은 온데간데없이 사라지고 허둥대는 것은 당연한 일이며, 불안에 떨면서 '또 일어나지는 않을까'

라고 생각하는 것도 당연합니다.

우선은 그런 마음을 '인간으로서 당연하다', '누구나 생각하는 것이다'라고 긍정해주세요. 또한 앞으로 재발을 하든 말든 어떻게 살고 싶은지를 생각해보면 어떨까요.

질병은 다시 살아갈 수 있는 계기가 된다

암은 '현재를 소중히 하라'는 메시지라고 말할 수 있습니다.

인생에 끝이 있다는 것에 눈길을 돌리면 일분일초를 새롭게 느낄 수 있습니다.

'언제까지 살 수 있을까'가 아닌, '오늘도 또 살 수 있다'는 것입니다.

'일하기가 귀찮다', '해야 할 일이 산더미처럼 있다' 등 소극적인 자세로 살아온 사람은 이참에 인생의 가치를 적극적으로 생각해볼 기회가 되겠지요. 귀찮았던 일이 무척 새롭고 사랑스럽게 느껴질지도 모릅니다.

또한 암은 '자신을 소중히 하라'는 메시지이기도 합니다.

우리는 아무래도 무리하게 일을 떠맡습니다. 바쁘다는 핑계로 자신을 소홀히 합니다. 그 결과 대충 한 끼를 때우거나 수면 부족에 시달립니다. 이렇게 자신을 희생하는 일에 의외로 둔감

합니다.

또한 몸만 소홀히 하는 것이 아닙니다. '재발하면 어떡해!'라는 부담감을 항상 짊어지고 사는 것도 마음을 소홀히 하고 있다는 예입니다.

건강을 위해 최선을 다하고, 식습관과 운동에 신경을 쓰며, 무리하지 않고, 휴식을 취하며, 자신을 스트레스에 노출시키지 않는 것이 건강한 삶을 위한 기본입니다.

이러한 삶의 방식은 재발을 막음과 동시에 그 자체가 '풍요로운 인생'이 됩니다.

만약 재발을 한다고 해도 '재발하면 어떡해!'라고 걱정만 하며 인생을 허비할 때와 달리 한층 더 '자신은 풍요로운 인생을 살았다'고 생각하지 않을까요.

제4장 정리

'무슨 일이 생기면 어떻게든 되겠지'라고 생각한다.

언제나 남에게 베풀고 싶다고 생각한다.

우선 자신의 감정을 긍정해준다.

우선 오늘을 좋은 하루로 만든다.